N&K

KOLLEKTION

NAGEL & KIMCHE

Herausgegeben von
Peter von Matt

S. Corinna Bille

Schwarze Erdbeeren

Erzählungen

Aus dem Französischen
von Marcel Schwander

Mit einem Nachwort
von Monique Schwitter

Nagel & Kimche

Titel der Originalausgabe: *La fraise noire*
1968 La Guilde du Livre, Lausanne
Auf Deutsch in der Übertragung von Marcel Schwander
1975 im Benziger Verlag, Zürich/Köln sowie
1989 Verlag Im Waldgut, Frauenfeld

1 2 3 4 5   16 15 14 13 12

© 2012 Nagel & Kimche
im Carl Hanser Verlag München
Herstellung: Andrea Mogwitz und Rainald Schwarz
Satz: Satz für Satz. Barbara Reischmann
Druck und Bindung: Friedrich Pustet
ISBN 978-3-312-00535-2
Printed in Germany

Schwarze Erdbeeren

Schwarze Erdbeeren

I

«Erdbeeren, Pierre, schauen Sie! Erdbeeren im Herbst! Wie wunderschön, ich möchte sie kosten!»

Gabriel und ich taten, als hörten wir nichts, und schritten weiter. Jeanne ging, nun etwas langsamer, vor uns. Ich hielt mich dicht an sie, sah ihren Hals, ihren Nacken mit der hübschen Fuge, und ich fragte mich, ob sie wohl meinen Atem spüre.

«O diese Beeren, wie mich danach gelüstet, sehen Sie, jene dort!»

Nun schauten wir endlich hin. Die Walderdbeere, die uns die junge Frau zeigte, leuchtete an der Trift über dem Abgrund; sie glühte dunkel, fast schwarz, und das verhaltene Strahlen ließ sie verlockend erscheinen. Das Blattwerk des Sträuchleins war von einem wunderlichen Karminrosa: wie das Blut, das manchmal in Jeannes Wangen schoss. Dort unten in der Tiefe hatte man die Leiche des Anathas gefunden. Jeanne neigte sich vor. Wusste sie es? Sie beugte sich beharrlich nach vorn und winkte uns, stehenzubleiben. Beklemmung packte uns, Scham darüber, dass wir die Gefolgsleute dieser Frau waren, ihre Knechte … Auf ihr Geheiß hatten wir den Schritt gehemmt, das Gepäck abgestellt, doch unsere Arme, immer noch im Marschrhythmus, pendelten weiter. Ohne zu wollen streiften wir ihre Hüften. Welches Gefühl erweckte

7

die Gebärde der Zärtlichkeit in uns? Ich weiß nicht. Sie beugte sich weiter vor. Ein Schüpfchen, ein leichter Stoß, eine beiläufige Handbewegung nur: sie wäre in den Abgrund gestürzt. Gabriel wandte sich nicht mir zu, doch ich spürte, er hatte denselben Gedanken. «Die sind längst erfroren», meinte er.

«Nein, gewiss nicht, ich sehe sie deutlich, eine prächtige Beere! Ein wahres Wunder, Pierre, oder nicht? Die Wärme des Gesteins wird sie bewahrt haben, vielleicht mildere Luft, die hier vorbeiströmt ...»

Wir rührten uns nicht.

«Haben Sie Angst?», sagte sie noch.

Gewiss, es war Angst! Den Fuß vorschnellen, was hinderte mich? Nichts. Oder doch: die Angst.

«Muss ich am Ende selber ...?»

Sie sah mich lauernd an. Ich glaubte in ihren Augen etwas wie Hohn zu entdecken. Von neuem beugte sie sich vor und zeigte auf die kleine Beere. Und wieder fühlten sich Gabriel und ich versucht, sie hinabzustoßen. Der Dunst der Schlucht stieg uns zu Kopf ... Aus dem bleiernen Gras zu unseren Füßen flitzten zwei Heupferdchen mit rot und blau schillernden Flügelchen.

«Pflück sie dir selbst!» Ich sagte es grob. Gabriel verbiss mit Mühe ein Lächeln. Gab das Wort uns die Kühnheit? Enthemmte, befreite es uns? Im stummen, entsetzlichen Einklang stießen wir sie hinab.

II

Vier Monate zuvor, nach einer Krankheit, hatte unser Hausarzt verordnet, dass ich mein Jurastudium zu unterbrechen hätte: «Alles ist überstanden, junger Mann, doch damit jegliche Tuberkulosegefahr ausgeschlossen wird, müssen Sie frische Bergluft atmen. Entspannung, nie überanstrengen! So haben wir Sie nach Ihrer Rückkehr kräftiger denn je.» Er ahnte nicht, der goldlautere, gute Doktor, dass er mich arglos in unerhörte Fährnisse schicken sollte.

Im Juli war ich in dem weltverlorenen Dorf angekommen und hatte mich Hals über Kopf verliebt: in eine Städterin, verheiratet mit einem einheimischen Wildhüter, einem stattlichen, etwas verschlossenen Mann, der sich wenig um sie zu kümmern schien. Sie sonnte sich an meinen Blicken, und richtete ich das Wort an sie, so hörte sie aufmerksam zu. Mehr wagte ich nicht zu erhoffen, trotz der seltsamen Unruhe, die sie zuzeiten bedrängte und ihr einen irrlichternden Ausdruck verlieh, der mir keineswegs missfiel, im Gegenteil. Man wird mir nun selber einen Stich ins Närrische vorwerfen, weil ich mich gerade dadurch betören ließ. Gleich und gleich gesellt sich gern, sagt man, aber auch: Gegensätze ziehen sich an. Ach! Ich fühle, meine Worte wecken den Blitzstrahl.

Tag für Tag streifte ich über die weitläufigen Alpmatten. Im Morgendämmer lagen die Stufenhänge, in die das Vieh waagrechte Kuhweglein eingetreten hatte, unter einem Dunstschleier, der im Frühlicht glitzerte. Doch es war nicht Nebel: Die Zottelbärte der Alpenanemonen hatten sich zu einem endlosen Gewebe verflochten, worin sich Tauperlen fingen.

Zunächst durchschritt ich das Arvengehölz. Auf dem steilen, glitschigen Weg, durchzogen von Wurzelknoten, auf die sich meine Füße stützten wie auf die Sprossen einer Leiter, stolperte ich manchmal, und dabei frohlockte ich innerlich über mein Ungeschick. Ich dachte an jene Frau. War es überhaupt eine Frau? Ein Kind eher, ja, sie glich einer wildwachsenden Waldbeere … Nun verlor sich der Pfad im hohen Gras. Ich wanderte aufs Geratewohl weiter, und unter meinen Bergschuhen barsten die Samen des Wiesenkümmels und verbreiteten am Boden einen Wohlgeruch wie im Roggenbrot aus dem Dorf.

Wo kleine Rinnsale über den ausgedörrten Berg hinunterrieselten, zog sich das Gras in frischen Streifen durch die gelben und rotbraunen Hänge und zauberte köstliches Grün in die Glut.

Ich spürte ein Schwindelgefühl, die Welt versank unter mir; ein Adler schwebte über der Alpweide und ließ seinen Schatten über mich gleiten. Einzelne Vögel, ein paar Berglerchen, ein rostbrauner Turmfalk im Flimmerhimmel, rüttelnd an Ort. Ich überraschte ein Geniste junger Birkhühner im Heidekraut und bemerkte ein Schwälbchen, das, erschrocken über mein Kommen, dicht über die Strömung einer Wasserleite hinpfeilte und dann verschluckt wurde von den gurgelnden Wirbeln. Ich konnte es nicht retten. War es in einem verborgenen Quell unter der Grasnarbe verschwunden?

Tief unten furchte sich das Seitental ein, und tiefer noch lag die Ebene, in der ich die Rhone funkeln sah. Ich hatte das Gefühl, ich beherrsche die höchsten Gebirge und träumte, ich trüge sie auf mir. Weshalb bin ich ein Bergträger?, sagte ich mir und dachte unwillkürlich an die wechselnde Last: im Winter schwer, doch leicht im Herbst.

Kein Lufthauch strich über die baumlose Einöde. Die Heuschrecken gleißten grüner als Gras und glichen den Jungtrieben, doch sie schnellten, rasend vor Fressgier, kreuz und quer in die Höhe, prallten aufeinander und bissen mich wild in die Knöchel. Immer öfter bemerkte ich Haufen von Steinen, aufgeschichtet wie Altäre, wie Grabhügel. Stein um Stein hatten die Sennen zusammengesucht und aufgetürmt, um einen Fußbreit Weidland zu gewinnen.

Eines Morgens beschloss ich, noch höher zu steigen. Verdrossen brummten die mahagoniglänzenden Eringerkühe, die nur noch Staub und Wurzelwerk abzuweiden hatten. Ich erinnerte mich an ihre Namen, die in den Ställen im Dorf mit Kreide gekritzelt waren: Zatagne, Violine, Moreina, und ich lächelte beim Anblick der Rinder mit dem stachelbewehrten Maulkratten aus Leder und Eisen. Auf dem obersten Alpstafel hatte ich den Viehpferch zu umgehen, der sich an den nackten Felsen lehnte, und nun kam ich in ein noch unwirtlicheres Gebiet, das unter endlosen grauen Schuttmassen begraben war. Ein wachsames Murmeltier pfiff. Das Geschiebe erhitzte die Luft; die flimmernde Landschaft zerflackerte. Es war mir, ich falle, ich stürze, ich versinke mit der ganzen Welt; ich fühlte meinen Körper reißen und bersten; meine Glieder verschmolzen mit dem Boden.

Weiter kletterte ich, über Felsen mit ätzenden Flechten, höher, bis in die engsten Klüfte. Eine letzte Felsklippe, und da lag ein kleiner See vor mir, dunkel und, wie man an den bleichen Streifen am Ufer ablesen konnte, zur Hälfte entleert. Ich hielt Ausschau nach einer Mauer, von der ich gehört hatte, suchte einen Staudamm aus Stein und Mörtel, der das Wasser gegen Westen zurückhalten sollte, doch nichts war zu sehen; er musste unter dem Schutt begraben sein. Beim Nähertreten sah ich, wie das glasklare Nass glitzerte und wie flinke Wasserkäfer darüber strampelten. Die Steine hoben sich scharf vom Boden ab; ein leichtes Lüftchen zerfurchte den Seespiegel; und das Wellengekräusel, das immerwährend dem Ufer zutänzelte, fand am Seegrund sein zitterndes Abbild in lieblichen Lichtkringeln, die sich stets neu erschufen.

In einer Mulde im struppigen Teppich aus Borstgras streckte ich mich aus, neben Sonnenröschen und rotem Alpenklee, den die Gemsen so lieben. Die Einsamkeit berauschte mich, sie tränkte und durchflutete mein ganzes Ich, das wundersam auflebte. Und doch fiel ich in Schlaf.

Ein eigenartiges Geräusch schreckte mich auf. Ich blieb liegen, erst halb erwacht, und als ich die Augen hob, sah ich drei Zacken in den Himmel stechen, die ich zunächst für Zelte blutrünstiger Krieger hielt, gelb, karmin und weiß. Doch es waren die Prozessionsfahnen aus der Dorfkirche, gefolgt vom Priester, von Chorknaben, die ihre Weihrauchgefäße schwenkten; dann kam eine Sängerschar und schließlich das Kirchenvolk, das Gebete leierte. Unter den Frauen erkannte ich Jeanne.

Ich war erregt, sie so nahe zu sehen, und fürchtete, man könnte mich entdecken, und so blieb ich im Versteck und reckte nur höchst behutsam meinen Kopf in die Höhe. Die Liturgie dehnte sich zu einem endlosen Wehklagen, und die Ermattung der heiser werdenden Leute verstärkte den Eindruck von Trauer und Trübsal. Ich betrachtete die Sänger, die, über die Büchlein gebückt, einherschritten, und all die rebellischen Locken der Bergler – besonders an Anathas, dem Gatten der Jeanne; die Haarschöpfe, so schien es, trotzten dem Sturm, derweil sich ihm die Schultern beugten. Dahinter verlor sich das Gemurmel der Frauen, gedämpft von weißen Schleiern über den Gesichtern.

Das ist ein Bittgang, mit dem man um Regen fleht, dachte ich ohne viel Verwunderung.

Manchmal schwankte und wankte ein Banner, ein Fähnrich stützte die Stange der heiligen Barbara oder des heiligen Josef eine Weile auf dem Boden ab. Dann legte sich über das Gras etwas von jenem Schatten, der seit Monaten mangelte. In der Ferne schleppten sich ein paar Nachzügler: alte Mütterchen, die nicht mehr zu folgen vermochten, und die kleinsten Kinder. Trotz der Entfernung gehörten auch sie zu dem Zug; sie wandelten im selben Schrittmaß und murmelten dieselben Worte. Hoben sie den Kopf, so haftete ihr Blick an Sankt Theoduls Karminsegel, das höher und höher flog. Ich fühlte: ihr Glaube war stürmisch und konnte Wolken versetzen. Am Ufer des Bergsees hielt die Prozession inne. Die drei Banner senkten sich, eines nach dem andern, und tauchten ihr geweihtes Tuch ins Wasser, dessen Dunkel zu schillern begann. Dann richteten sie sich wieder auf, und das Wasser rann den goldenen Fransen entlang und tropfte auf die Erde, die damit den ersten Regenguss empfing.

Ich blieb eine Zeitlang liegen, die Augen geschlossen, um in meinem Innern das Bild deutlicher zu bewahren, das ich wohl nie mehr sehen würde. Als ich sie wieder aufschlug, war Jeanne da und schaute mich an.

«Ach, nein!», stieß ich hervor, schnellte auf und errötete heftig.

Doch ehe ich aufrecht stand, kniete Jeanne ins Gras. Unsere Gesichter streiften sich. Das ihre, nach einem flüchtigen Lachen, erstarrte vor Ernst. «Sie sind fort, die andern», sagte sie.

«Und Sie – sind ausgerissen?», fragte ich, starr vor Staunen über so viel Keckheit.

«Gewiss, ich hatte Sehnsucht … nach Ihnen, Pierre.»

«Sie hatten mich gesehen?»

Sie erwiderte nichts. Im selben Augenblick ließ sich ein wunderliches Wimmern hören. Sie hob den Finger, spitzte den Mund: «Die Antilope.»

Erstaunt blickte ich sie an. Diesmal gefiel es mir, das Wort der Jeanne, die sich nie auf einfache Weise ausdrücken konnte, aber ich tat gereizt und erwiderte: «Unter Jägern würde man ganz schlicht sagen: eine Geiß.» Sie verlor nichts von ihrer Selbstsicherheit, sondern lächelte und streckte sich aus. Ich legte mich neben sie. So fanden wir uns Seite an Seite. Jeanne atmete, den Mund leicht geöffnet, und ihr Atem roch, wie bei Säuglingen, nach Äpfeln. Ich streckte die Hand aus und berührte ihr Kleid, das sich weich anfühlte; unbeholfen versuchte ich sie auszuziehen. Die Kunstseide mit dem Blumenmuster lag ihr so eng an, dass sie die eigentliche Haut zu sein schien; und zu sehen, wie sich der Leib daraus löste, war eher qualvoll als erregend. Mir war zumute, als sähe ich eine Verletzte. Eben hatte ich sie noch so ungestüm begehrt – nun vermisste ich wehmütig jene Blumen, die sie bedeckt hatten, als wären sie aus ihr gewachsen. Das bläulich-rosa schimmernde Fleisch, das nun hüllenlos war, fröstelnd in der Bergbrise, entflammte nicht meine Begierde, sondern verwirrte mich nur.

Da sie nicht ahnte, warum ich auf einmal schweigend und reglos dalag, führte sie das Spiel weiter, das ich begonnen hatte. Nichts verdeckte uns vor fremden Blicken. In der Luft webte noch der dämmrige Weihrauchduft der Prozession, der See aber lag wieder ruhig und dunkel da. Gedankenversunken streichelte ich einen Augenblick die frische Haut, die mich brannte wie Raureif. Sie hatte die Augen geschlossen, schien zu schlafen, weit weg, abwesend. Dann löste sie sich, als wollte sie aufstehen. «Zeit zum Abstieg. Anathas wird sich fragen, wo ich bin.»

Doch sie rührte sich nicht. «Ich bin ganz schlapp … Ich möchte trinken.» Ich schöpfte mit den hohlen Händen Wasser aus dem See und bot es ihr an. Doch sie wandte den Kopf ab: «Warm wie aus dem Weihwasserbecken.»

Jeanne stand auf und strich sich brav das Kleid zurecht, und wir gingen zusammen weg. Sie trat auf todgeweihte Blumen, samtblaue Veilchen, verwelkt in der Dürre. «So stelle ich mir die Blüten des menschlichen Geistes vor», murmelte sie. «Blassblaue Fetzen, verloren auf den Grasteppichen der Unendlichkeit.»

«Und der Geist Gottes?», warf ich ein. Ihre Sprache verwirrte und ärgerte mich.

«Wir selbst, wir wissen nicht, was wir sind.»

Ich musterte sie. Ihr rötlichglänzender Blick hatte das verstörte Flackern voll Unterwürfigkeit, das mich öfters überrascht hatte. Zärtliches Mitleid überkam mich. Ich wollte sie beschützen, und sie schien es zu erraten, denn nun hängte sie sich mir fester an den Arm.

Unversehens hatte sich der Himmel mit dicken Wolken vollgestopft, und schon fielen die ersten Tropfen. Wir schritten die Weiden hinab, noch immer etwas verwirrt. Ich strauchelte. Jeanne war ausgelassen wie noch nie. Mit dem Glimmerstaub des Katzensilbers rieb sie sich lachend die nackten Arme ein. Sie öffnete gar ihr Mieder und neigte sich tief in den glitzernden Puder; ihre Brustspitzen schillerten silbrig.

Nun prasselte der Regen kräftiger, und wir setzten uns unter die offene Tür einer Alphütte. Eine Bank war nicht da, nur ein Balken lag auf der gestampften Erde. Von Zeit zu Zeit peitschte ein bissiger Wasserschwall nach Jeanne, die ihr Gesicht mit unbändigem Entzücken dem Regen darbot. Manchmal schnitt sie eine Grimasse, riss den Mund auf, ließ die Eisluft über die scharfen Zähne wehen und über das Zahnfleisch, das rot war, fast violett. Ich drückte meinen Mund auf ihre Lippen und umschlang ihre Hüften. Nun war ich nicht mehr aufgeregt und ängstlich wie zuvor; ich fühlte mich ruhig und stark. Ich betrachtete ihre Kinnbacken: Wie sie gestand, knabberte sie gern am saftigen Holz junger Bäumchen, die sie mit einem Taschenmesser entrindet hatte. Anathas hatte sie ausgescholten, weil sie, wie er sagte, die Bäume verletzte.

«Liebst du ihn, deinen Mann?», fragte ich plötzlich.

«Ach … Als ich ihn kennenlernte, war ich zerschlagen, voll Lebensangst. Damals schien mir, er sei der göttliche Pan, und stets wenn ich ihn wiedersah, bezauberten mich sein faunisches Wesen und ein rötlicher Schimmer über seinem Fleisch. Doch jetzt, da ich mich an Anathas gewöhnt habe, sehe ich, dass er gar nicht rot ist, sondern braunhaarig, lediglich mit einem dünnen rötlichen Bartkranz. Und jener schwache Abglanz ließ mich an heiße Glut glauben! Seltsam, nicht wahr?»

«Gewiss», stimmte ich zu, «umso mehr, als auch Sie mir rot scheinen, ohne es zu sein.»

«Ja eben, wir gleichen uns! Bei mir sind es die Augenbrauen. Bestimmt, wir waren ...» Sie beschrieb ihren Mann mit treffsicherer Kälte.

«Aber warum um Gotteswillen haben Sie ihn geheiratet?»

«Weiß man überhaupt, warum man heiratet? Wenn man wüsste ...»

Sie schaute mich ausdruckslos an, dann rief sie lustig: «Sie müssten doch eigentlich verstehen! Sie sind dieselbe Art von Mann. Etwas jünger, und auch gescheiter ... und zwar sehr viel!», ergänzte sie.

Ich schnitt ein schiefes Gesicht.

«Aber Sie haben andere Augen ...», fuhr Jeanne fort. «Er hat blaue Augen, demütig wie die Lichter braver Miezekatzen. Begreifen Sie?»

Ich machte nicht Miene, als ob ich begriffen hätte, und gab zurück: «Er ist ein Bauer ... Sie sind aus der Stadt. Alles ist hier anders ... Ertragen Sie diese Art zu leben?»

«Oh, wissen Sie, in unserem Land ... wer stammt da nicht von Bauern ab? Ich bin sicher, auch Sie hatten Ahnen, die den Rebhang hackten und die Kühe hüteten!» Sie lächelte. «Und übrigens lässt mich Anathas machen, was ich will. Jedenfalls jetzt.»

«Vorher nicht?»

«Nein. Wie er mich zur Frau nahm, war ich ihm hörig. Er fasste mich am Handgelenk, nur so nebenbei, und schon war ich in Ketten. Eine eiskalte Hand war es, derb und kraftvoll. Ich fühlte, ich konnte nicht widerstehen.»

«Und, erzähle ...», stammelte ich, irr vor Eifersucht.

«Ach, du ...», sagte sie zärtlich, «du bist die große Liebe.»

Wir standen auf und machten uns auf den Weg hinunter

17

zum Dorf. Es war höchste Zeit! Der Regen, statt nachzulassen, fiel dichter und dichter. Ich hatte meine dunkle Jacke über unsere Köpfe gezogen, wir waren geborgen, auf geheimnisvolle Weise vereint, wir spürten beim Gehen die Nähe unserer warmen Körper und fühlten uns schon völlig allein mit unserer Liebe. Als wir ins Dorf kamen, dachten wir überhaupt nicht daran, dass die Leute uns sehen könnten.

An die Tage, die nun folgten, sollte ich mich nie klar erinnern. Ich weiß nicht, wie ich sie verbrachte, womit ich sie ausfüllte. Ich entsinne mich nur an eine fiebrige Glückseligkeit, die mir eine Woche lang die Kehle zuschnürte und mich nächtelang wachhielt.

Dass eine Frau mich gern hatte, nachdem ich mich schon verschmäht und verabscheut wähnte, ließ mich alles vergessen. Zärtliche Gefühle, bisher schamvoll verdeckt, durchfluteten mich wie ein Rausch. Jeanne, und nur sie, hatte mich auf den Weg von Sinnenlust zu der Liebe leiten können, zum Einklang von Leib und Seele.

In den ersten Tagen, im Speisesaal der Pension Les Marmottes, hatte ich gefürchtet, die andern Gäste könnten das Pochen meines Herzens hören und mit unbarmherziger Klarheit alle Gedanken entdecken.

Um ihnen zu entgehen, steckte ich meinen Kopf in einen Kriminalroman, ohne jedoch einen einzigen Satz zu lesen, oder ich betrachtete die Dinge im Zimmer.

Nach vier Tagen Regen und Sturm kam das schöne Wetter wieder, doch ich sah Jeanne nicht mehr. Was sie bloß trieb, die Gattin, die tun und lassen konnte, was ihr beliebte? Sie hat groß angegeben, dachte ich. Und doch, eines Morgens begegnete ich ihr in der Dorfstraße. Sie schaute mir fest ins Gesicht und ging ohne Gruß weiter.

«Jeanne ...», rief ich überrascht.

Sie schien mich nicht gehört zu haben. Ich eilte ihr nach.

«Ich kenne Sie nicht zu jeder Zeit», zischte sie.

Ihr Ton ließ mich erstarren. Ich fing mich wieder auf beim Gedanken, dass sie sich vor möglichen Lauschern hüten wollte. «Wann sehe ich dich wieder?», flüsterte ich ihr zu.

«Oh, Sie sehen mich noch oft ...» Sie lächelte. Machte sie sich lustig? Ich verließ sie wütend. Die nächsten Tage mied sie mich. Eines Abends endlich kam sie auf mich zu, doch sie war begleitet von ihrem Mann, den sie zärtlich am Arm hielt. Schließlich gelang es mir doch, sie wiederzusehen. Ich flehte sie an um ein Stelldichein.

«Weit von hier?», fragte sie.

«Unten im Wald, beim Wildbach, wenn du willst, morgen gegen sechs?»

«Gut, ich komme», sagte Jeanne.

Jenen Wald hatte ich ständig vor meinem Fenster, ob ich im Bett lag oder bei Tisch saß. Zuerst hatte ich ihn kaum beachtet. Die unzähligen Lärchen mit dunklen Stämmen und hellen Kronen verwirrten mich wie der Anblick einer allzu schönen Frau. Widerstrebend nur und mit unerklärlicher Scheu drang mein Blick nach und nach in das Gehölz ein.

Der freie Raum bis zum Wald lenkte mich nicht ab von ihm, ebenso wenig wie der Talkessel oder die hohen Berge, die höchsten des Landes. Nur der Wald zog mich an, seine zitternde Stille, sein Dämmerschatten mit dem Gesang der unzähligen Vögel. Ich fühlte mich mitgerissen von den grünen

Wogen, die in der Ferne zarter wurden, sich zu Zinken und Zacken bäumten, die sich im Abendlicht auflösten in goldenes Flimmern und blutrotes Leuchten. Wie der Wein im Land der jungen Rhone, der von Ambra zur Rosenfarbe spielt, sagte ich zu meiner eigenen Beruhigung.

So wartete ich auf die Stunde der Verabredung. Meine Uhr zeigte halb sechs. Ich reckte und streckte mich, trank ein Glas Wasser und wusch mich, so gut ich konnte, am Becken aus Porzellan; ich zog saubere Kleider an und ging aus dem Haus.

Im grauen Himmel schien mir der Wald noch geheimnisvoller, sich selber überlassen ohne das Spiel des Sonnenlichts, voll verstohlener Anmut. Leicht gebückt folgte ich dem alten Pfad. Niemand betrat ihn mehr, er war am Verwildern. Rispengras und samtweiße Felsenblumen neigten sich zum Boden, den die herbgrüne Flut der Heidelbeerstauden überwucherte. Darüber wölbte sich das Gezweig zu einer Laube, die wie ein Schlauch ins dunkle Gehölz führte. Dort schied sich der Schatten der Arven mit den rauen Nadelbüschen vom Halblicht unter den Lärchenbäumen mit ihrem steten Geflüster. Ich drang tiefer in den Wald, beugte mich in ihn hinein, beschnupperte ihn, formte ihn mit den Händen, mit denen ich die Zweige zurückbog, ohne sie zu brechen. Ich kam außer Atem vor Ungeduld, wollüstige Begierde packte mich.

Die junge Frau, die vor mir aufgebrochen war, stand schon am Bachbord. Wir fielen uns in die Arme, das Gletscherwasser sprühte uns einen bittersüßen Duft ins Gesicht. Jeanne sagte: «Der Quellbach rinnt dahin wie die Zeit und bleibt wie die Ewigkeit.»

Ich lächelte verschämt. Nie hatte ich im Wasser, das da plätschert und rauscht, Sinnbilder für Leben oder Tod gesehen; gewiss nicht: Sein Ungestüm betäubt meinen Sinn und raubt mir die Kraft zum Denken. Doch vielleicht war gerade das ein Zeichen dafür, dass ich das Wasser besser verstand, da ich es mit nichts anderem verglich, nichts an ihm zu deuten versuchte und es in seiner reinsten Form erfasste. Jeannes große Worte schüchterten mich ein, obwohl ich wusste, dass sie hohl und leer waren.

Wir verschwanden im Gehölz. Schweigend ging ich meiner Freundin voran und bog die regentriefenden Zweige auseinander, die sie mit den Ellbogen von sich abhielt; unsere nassen Hände fanden und fassten sich und gaben sich gegenseitig Halt. Kratzer ritzten die nacktglänzenden Beine Jeannes, das feuchte Laub spülte sie ab. Vom Wald bemerkten wir nur, was wir selbst daran veränderten, was wir berührten und zertraten. Eine Leere, ein Nichts, und nur gerade in unserer Nähe Zweiglein, Farn und Efeuranken. Spechtmeisen mussten sich dicht an die Rinde der Bäume schmiegen, kupferne Kreuzottern in ihren Bau ringeln, Birkhühner ins Heidekraut ducken. Alles zerfloss im dunkelnden Grün. In der verhaltenen Stille tönten unsere Atemzüge, Jeannes Stoßseufzer und auch unsere Zurufe seltsam tierhaft.

Im Kreis junger Tannen, überstreut mit rötlichen Nadeln, entdeckten wir eine moosige Mulde. Unsere Leiber sanken hinein wie in ein Grab, und unsere Küsse hatten an jenem Tag einen herben Erdgeschmack.

«Schön bist du, wunderschön …», sagte ich immer wieder.

«Ob du wohl liebst?»

«Ob ich was liebe?»

«Dich. Liebst du dich selbst?»

«Ach, ich weiß nicht. Vielleicht fühle ich mehr Leben in mir als andere Frauen.»

Neben Jeannes Wange zitterten grünblaue Heidelbeeren, die im Schatten heranreiften. Nebel stieg auf. Nicht nur die dichtgedrängten Tannen verbargen uns vor den Blicken der Menschen, auch die schleichenden Schwaden, die an den Baumstämmen hafteten, die gleißendweiß über unsere Köpfe wegzogen und uns einen kalten Hauch in den Nacken wehten. Im graugrünen Dunstkreis erstrahlten die rosigen Blütenkerzen der Weidenröschen in schummrigem Licht. Wir bestaunten die Blüten, die über unsern Händen schwebten und regungslos davonzufliegen schienen, die verhalten leuchteten wie ein Lichtschein tief unter Wasser.

Von nun an nahm der Regen teil an unserer Verliebtheit. Er war da, gab unseren Umarmungen seinen würzigen Geruch, vermischte sie mit seinen Tränen und legte ein Leuchten auf Jeannes Haut, die von der Bergluft leicht gebräunt war.

Immer weniger versuchten wir, uns zu verstecken. Wir streiften vom Dorf aus über die gelblichen Grasstoppeln der feuchten Mähwiesen, wo nur noch Lägerpflanzen stehengeblieben waren. Im Gehen ließ Jeanne ihre frierende Hand unter meinen Arm gleiten und schob sie bis in die wohlig warme Achselhöhle. Sie trug einen Regenschutz, knallrot und durchsichtig, der sie umhüllte wie eine Flamme. Sie bewegte sich mit gleichmütiger Grazie, wie eine Märtyrerin, der das Feuer nichts anhaben kann.

«Jeanne, o Jeanne», flüsterte ich ihr zu, «denkst du auch zuweilen an deine Schutzpatronin, die heilige Johanna?»

Sie antwortete lachend: «Ich werde nicht verbrennen. Und nie sterben.»

An ihrem Überwurf erkannte man sie von weitem, so dass ich sie bat, ihn nicht mehr zu tragen. Sie spottete über meine Bedenken und schien sich nichts daraus zu machen, dass man sie sehen konnte. Diese Keckheit tröstete mich darüber hinweg, dass sie mir manchmal abweisend begegnete und nur widerstrebend in ein heimliches Treffen einwilligte.

Aber das Nebelwetter entzog uns allen Blicken. Es schirmte uns ab wie eine magische Tarnkappe. Und Gebiete, die uns nur allzu vertraut vorkamen, erhielten im verdeckenden und entschleiernden Nebel stets neue Gesichter. Wir stapften über die aufgeweichten Böden, die die Schritte bis zur Unhörbarkeit dämpften, und manchmal folgten wir dem überschäumenden Kännel einer Wasserfuhre mit dem Gefühl von Reichtum und Überfluss, das man beim Anblick schwellender Bäche im Regen empfindet. Das segenspendende Nass war nach Monaten der Dürre eine Wohltat. Kam die Sonne für eine Stunde oder zwei, so strömten die Matten einen würzigen Pfefferduft aus. Der fleischigrote Stengel der Dachhauswurz bog sich unter der Last seiner Rosettenblüten, die den Korallensternchen im Meeresgrund gleichen; auf Erdschollen, die sich von der Böschung gelöst hatten, und auch in Felslücken entfaltete der spinnwebige Hauswurz seine drallen Sträußchen, die Jeanne besonders liebte.

«Ich möchte dich heiraten», sagte sie.

«Aber … du kannst doch nicht», rief ich erschrocken. Sie erwiderte nichts mehr und versank in Träumereien, die einen Schatten auf das heitere Gesicht legten.

Eines Tages hätte uns fast eine alte Frau überrascht, die mit einem fast zahnlosen Metallkamm Heidelbeeren abstreifte. Sie kam nahe heran. Doch ein dickes Nebelband baute sich rettend vor uns auf; mit dem Kamm in der Hand entfernte sie sich, ohne uns bemerkt zu haben. Mit der Zeit hatten wir gelernt, die Plätzchen für unsere Lagerstätten auszusuchen. Wir wussten, dass Lärchenstreue am weichsten und Föhrenstreue am härtesten ist. Und Jeanne ließ sich immer wieder umarmen; sie war sanft und kraftvoll zugleich, federnd weich wie ein Kissen aus Moos, und ihr Atem duftete wie die Bergmatten. Manchmal vergnügte sie sich damit, sich mit mir an einem Steilhang zu verabreden, an dem ich kaum stehen konnte, wenn ich sie küssen wollte. Das war unterhalb des Dorfes, in den Lichtungen mit Heckenrosen und Espen, deren Laub im Aufwind aus dem Tal ständig zitterte. Das seltsam zarte und bläuliche Gras war glitschig, und zu meinem großen Erschrecken vergnügte sich Jeanne damit, die schmalen Grastriften bis nahe an den Abgrund hinunterzurollen! Ich kauerte nieder, wollte sie zurückhalten, rutschte auf den Knien und flehte, sie solle vom Spiel ablassen. Dann klammerte sie sich an mich und tat, als ob sie mich mitreißen wollte, damit sie den Widerstand meiner Muskeln deutlich spürte. In diesen Augenblicken gefiel sie mir am besten; sie verlor ihr gewohntes Pathos und wurde wieder zum Kind.

Auch manche Scheunen suchten wir immer wieder auf. Die junge Frau schlich sich auf den Zehenspitzen an die Stadel der abgelegenen Maiensäße heran. Bevor sie eindrang, pflegte sie auf drollige Art das Holz zu betasten und zu beschnuppern, und ihr Vergnügen war so herzlich, dass ich fast neidisch wurde. Doch Jeanne schien mir nur noch begehrenswerter. Wir legten uns im Halbdunkel ins Heu. Und dann war es wieder wie im Wald mit den Weidenröschen: Jeanne, den Kleidern entschlüpft, schimmerte in rosigroter Nacktheit.

«Und dein Mann?», fragte ich manchmal.

Dann schloss sie die Augen und erwiderte nichts. Doch eines Tages zischelte sie: «Ach der, er langweilt mich. Wenn du wüsstest, wie der mich langweilt! Ich wollte, ich wäre seine Witwe.»

Ich muss sie etwas erstaunt angeschaut haben, denn sie errötete jäh.

Wir trennten uns ohne ein Wort, kurz vor dem Dorf. Als ich allein auf meinem Zimmer in der Pension war, zog ich aus der Tasche ein Zweiglein vom Strauch des Wacholders, der Bärentraube, oder einen Arvenzapfen, der noch blau und unreif war, und ich ließ sie über der Flamme meines Feuerzeugs knistern. Ein Harzgeruch erfüllte den Raum, und die ganze Nacht glaubte ich mitten im Wald in meinem Liebesnest zu schlafen. Doch manchmal bäumte sich mein Körper zwischen dem derben Linnen: Ich sah mich ins Leere stürzen.

Ich träumte von meiner ersten Verabredung mit Jeanne. Ich war am Rand schäumendweißer Wasser angelangt; mitten im Wildbach erhob sich ein Inselchen, bepflanzt mit Eichen und Ahornbäumen, mit Stechpalmen und wohlriechendem Buchs – alles Pflanzen, die in dieser Höhe gar nicht vorkommen. Staunend setzte ich meinen Fuß auf die Insel. Das glänzende Gezweig öffnete sich zu einem Irrgarten von Alleen. Zögernd und ängstlich betrat ich einen der trügerischen Gänge nach dem andern. Wohin der Weg mich wohl führt? Schließlich kam ich auf eine Lichtung, und hier blökte das *Wollschaf mit dem Ledermaul,* das ich als Kind jeweils am Fronleichnam getragen hatte. (Mein üppiges Kraushaar verschaffte mir diese Ehre. Ich war Johannes der Täufer und mir selber unerträglich, aber ich musste gehorchen. Meine Mutter überließ uns dann das Schaf. Vom geweihten Bild wurde es zum alltäglichen Spielzeug und war bald übel zugerichtet.) Ich erkannte sein Vlies mit den dreckigen Knäueln, das aufgerissene Maul mit der roten Holzzunge und die gebrochenen Beine, mit Watte und Lumpen gestopft.

Als ich mich neigte, um ihm den Kopf zu streicheln, sah ich frisches Blut aus der roten Spalte strömen; im selben Augenblick fielen die Leinenbinden von seinen Beinen. Das Fleisch war grünlich und schon zerfressen vom Geschmeiß, doch am ärgsten waren die stumpfgrünen Augen des Tiers. Die Augen starrten mich an und *lebten*, ungeachtet der Würmchen, die sich darin schlängelten wie die weißen Adern in einem Achat. Und ich hörte, wie das Lamm ganz deutlich sagte: «Vögel fliegen ohne Flügel.» Sein Maul ging sperrangelweit auf, ich glaubte, es würde die Innereien erbrechen, und schrie vor Entsetzen, als dem Schlund plötzlich eine weiße Taube entfloh. Immer noch im Traum fand ich mich in meinem Zimmer, die Taube krallte sich an mich. Um sie loszuwerden (und sie selbst zu befreien), öffnete ich das Fenster und warf sie himmelwärts. Doch statt davonzufliegen, stürzte sie vor meinen Augen wie ein Stein in die Tiefe. Ich erwachte schweißgebadet im zerwühlten Bett, die Leintücher an die Brust gedrückt. Mag sein, dass ich wirklich geschrien hatte. Der Traum ließ einen peinvollen Nachgeschmack zurück, und ich grübelte über seine Bedeutung nach. Ich fühlte, dass er mit Jeanne zu tun hatte und nichts Gutes verhieß.

Gewiss, ich hatte bald begriffen, dass sie, gleichsam von Natur aus, jenseits von Gut und Böse war. Mehr als alles andere liebte sie die Liebesbrunst, die Erregung der Sinne. Sie hätte sich jederzeit mit jedem eingelassen. Ich wusste, dass sie sich bisweilen absonderliche Paarungen erdachte, mit Werwölfen, Mann-Bäumen und riesenhaften Auerhähnen, die sie mit ihren Schwingen umfassten.

Und wieder einmal blieb Jeanne unsichtbar. Doch meine Liebe hatte sich so gesteigert, dass ich ohne ihren Anblick nicht mehr leben konnte. Ich beschloss, zu ihr zu gehen. Es war das erste Mal, dass ich sie zu Hause besuchte. Sie wohnte in einem Holzhaus, im obersten Stock; ohne zu klopfen stieß ich die Tür auf, so aufgeregt war ich. Anathas' Mütze lag auf der Küchenbank. Außer der Mütze war alles peinlich sauber geputzt. Der gusseiserne Kochherd war mit Öl geglänzt worden; Tisch und Tannenschrank strömten noch den herbfeuchten Geruch von Schmierseife aus. Sogar die Dorfweiber, die Jeanne allesamt hassten, mussten es zugeben: «Sie hält den Haushalt sauber, man könnte bei denen auf dem Fußboden essen.»

Ich fürchtete, sie könnte nicht da sein, blieb zögernd stehen, aber ein Luftzug riss die Zimmertür auf, und ich erblickte Jeanne, die an einem langen Tisch saß. Sie war damit beschäftigt, Schnittmuster aus einer Zeitschrift durchzupausen. Ihr Gesicht, kummervoll und demütig, verwirrte mich, und vielleicht hätte ich gar nicht einzutreten gewagt, wenn sie nicht ihren Blick auf mich gerichtet hätte. Für die Zeit einer Sekunde gemahnten mich ihre Augen an diejenigen des Lamms im entsetzlichen Traum. Was mochte sie in meinen Augen sehen? Sie fuhr erschrocken zusammen, doch fing sie sich schnell wieder auf.

«Guten Abend», sagte ich.

Ich trat näher. Sie strichelte eifrig weiter. «Allein?»

«Ja.»

Die letzten Sonnenstrahlen fielen neben ihr auf eine Näh-schatulle, die mit abgescheuertem rotem Samt überzogen war, und der Samt glich dem ausgedorrten Uferrasen an jenem Tag, an dem sie sich mir zum ersten Mal hingegeben hatte, im kurzgewachsenen Gras ohne Schatten, ohne Laub, nur mit dem Falkenflug über unsern Leibern. Mein Blick haftete auf dem Tuchfetzen, der ins Unendliche wuchs, und Jeanne schaute ihn an voll Beklemmung. Doch die sinkende Sonne verschwand.

«Wo sind denn Sie?», flüsterte sie. (Manchmal siezte sie mich.)

Eine Weile blieben wir stumm. Sie hielt die Hände auf den Tisch.

«Wo ist dein Mann?»

«Du weißt, er ist nicht nur Wildhüter, sondern auch Förster.» Sie kicherte in sich hinein. «Er hat gesagt, er kommt spät nach Hause.»

«Hat er Verdacht meinetwegen?»

«Das ist schwer zu sagen …»

Sie schien mir alt und müde. «Der arme Anathas!», seufzte sie. «Er ist nicht mehr der schöne Faun, als den ich ihn kannte.»

«Ah?»

«So geht es im Leben. Verblödet ist er. Und den Bart hat er wegrasiert. Zum Glück lässt sich der Erzengel Gabriel etwas mehr einfallen.»

«Gabriel?»

Den jüngeren Bruder des Anathas hatte ich völlig vergessen: Immerhin war er oft mit den beiden zusammen! Er mochte siebzehn sein. Ein schmucker Jüngling, der gewiss einer Frau gefallen konnte.

«Er sieht gut aus», sagte ich.

«Ganz hübsch, nicht? Und weißt du, was er mir geschenkt hat?»

Sie ging weg und kam zurück mit einer Kartonschachtel aus einzelnen Karten, die mit einem roten Baumwollfaden zusammengenäht waren.

«Das hingegen ist hässlich», bemerkte ich.

«Wichtig ist, was drin ist. Horch mal!»

«Ich höre nichts.» (Doch: Ich hörte ein dumpfes Kratzen.)

«Was ist es?»

Jeanne hob behutsam den Deckel, in den kleine Löcher gestochen waren.

«Ein Tier?»

«Sieh nur!»

Sie machte die Schachtel ganz auf, und ich sah Schmetterlinge daraus entfliehen. Sie flatterten durch den Raum und landeten auf dem breiten Bett; einige klebten noch in der Schachtel oder sackten ersterbend zu Boden.

«Die hat dir Gabriel geschenkt?»

«Ja, er hat sie von dort, wo vor Jahrhunderten einst der Berg einbrach, weil ihn verborgene Wasseradern ausgehöhlt hatten. Nur die wagemutigsten Jäger kommen sonst da durch. Von oben sieht man blühende Triften, darunter gähnt die Leere. Himmelhohe gelbe Felsen, von denen das verwitterte Gestein abbröckelt. Man müsse rennen, heißt es, damit man nicht mit dem Schutt abrutsche und in die Tiefe gerissen werde. Man sagt auch, dort oben sei alles völlig anders, Pflanzen, Schmetterlinge und Schlangen …»

«Es sind doch die gleichen wie hier!»

Ihr Gerede ärgerte mich, ich hätte sie am liebsten unterbrochen, aber sie fuhr fort: «Es heißt, man entdecke dort Kristall, violett, rot und blau! Ah, das möchte ich sehen! Doch dorthin komme ich wohl nie, sonst würde mein letztes Stündlein schlagen.»

«Dein letztes Stündlein?»

Auf einmal fühlte ich Enttäuschung beim Gedanken, dass sie von mir kein einziges Geschenk hatte. Da entsann ich mich noch rechtzeitig, dass sie während der Messe jeweils den Kronleuchter mit dem Glasgehänge über dem Querschiff bewunderte und sehnlichst einen ähnlichen für ihr Zimmer wünschte. «Ich kauf ihr einen», beschloss ich.

«Gabriel ist mir ganz ergeben.»

Sie drehte die leere Schachtel um.

«Was fange ich nun an damit?»

«Wegwerfen!»

«Aber nein, ich werfe niemals etwas weg, alles wird aufbewahrt … Er ist mir sehr ergeben. Gabriel würde alles für mich tun. Aber nun weiß ich's, ich lege die Briefe hinein.»

«Was für Briefe?»

Ich fühlte mich von neuem beklommen. Sie brachte ein Bündel und entnahm ihm ein Kuvert.

«Diesen kann ich Ihnen ja zeigen, der erste Brief von Anathas.»

Sie reichte mir ein Blatt, auf dem ich nur die letzten Zeilen las, die ungelenk hingemalt waren: *Was für schmachtende Erinnerungen ruft mir Dein Bild so spät noch wach. Als ich es betrachtete, fühlte ich wieder Deine frischen Lippen, Deine sanf-*

ten Worte; und Deine zauberhafte Anmut lächelte mir zu. Ich legte den Brief auf den Tisch zurück.

«Anathas? Soll das möglich sein? Das tönt dichterisch beschwingt ... Nicht zu glauben.»

«Ach, seine Schwester Faustine wird es ihm vorgekaut haben, die Lehrgotte.»

Doch da waren noch andere Briefumschläge, die nicht die Schrift von Jeannes Gemahl trugen. Ich fragte mich, weshalb sie mir die Briefe zeigte, was sie für ein Vergnügen daran hatte, welch ein hohles Verlangen nach Vertraulichkeit. Und da mich das Spiel verlockte, spielte ich mit meiner Neugier.

«Ich will die Briefe nicht sehen; weg mit ihnen!», schrie ich plötzlich und stieß das Bündel von mir.

«Oh, ich wollte Ihnen gar nicht alle zu lesen geben», sagte sie überrascht.

«Nicht?» Ich fühlte mich elend wie ein Ernüchterter, dem das Trinken auf alle Zeiten verboten wurde. Nein, ich ließ mich nicht verblenden, nicht ködern von dieser Frau! Ich wusste tatsächlich, so wie Anathas wusste, wie jedermann wusste ... Aber es schien mir – und das war das Schrecklichste –, dass Jeanne und ich nichts gemeinsam erlebt hatten. Was ich mit ihr erlebt hatte, hatte ich allein erlebt. Auf den Spaziergängen war sie gar nicht richtig dabei; ihr Streicheln und Girren, ihr geiles Entzücken galt niemandem außer ihr selbst. Sie liebte weder einen Mann noch die Männer, sie liebte nur die Liebe.

«Auch du bist mir ergeben, nicht?»

Ich wandte mich ab. Ich schämte mich und wusste nicht warum. Ich hatte kein Recht, eifersüchtig zu sein, und Gabriel war mir gleichgültig oder gar widerwärtig.

«Was ist los mit Ihnen heute Abend?»

Da ich schwieg, eilte sie weg in die Küche, wo ich sie das Feuer anfachen hörte. Ich blieb allein im Zimmer, das der Dämmer überflutete. Auf dem Tisch zeichnete sich das weiße Schnittmusterpapier wie ein Schneefleck ab. Nie hatte ich mich so einsam gefühlt.

«Pierre», wehklagte Jeanne.

Sie schälte Kartoffeln, nahe beim Herd. Mechanisch setzte ich mich zu ihr, nahm ein Messer und half ihr beim Rüsten. Allmählich fand ich meine Ruhe wieder. Die simple Arbeit, die ich sonst nirgends angenommen hätte, beglückte mich. Ich beachtete kaum, was sie flüsterte, ihre Worte waren nicht mehr wichtig, ihre Nähe verwirrte mich. Es gab nichts außer ihr. Der Trauer zum Trotz durchfloss mich ein wohliges Gefühl. Ich fühlte, wie Leib und Seele verschwammen, sich auflösten; mein Wille war ausgelöscht. Ich schaute auf das leise Pulsieren an Jeannes Handgelenk. Ich begehrte sie. Nein … mehr als das: Ich hätte der Welt entsagen mögen, damit sie die Welt würde.

Sie ging zu einem Kasten und machte ihn auf. Im Halbdunkel sah ich ein Glänzen. Sie trug eine Schale herbei, die hell leuchtete.

«Trauben!»

«Die ersten im Jahr. Man hat sie mir aus dem Tal gebracht.»

Wer?, das wagte ich nicht zu fragen. Ich hatte Durst. Ich nahm einige Trauben und legte meine Lippen auf die straffen, fleischigen Beeren mit der zarten Staubschicht. «Wie deine Brüste», stammelte ich, «deine Brüste.» Ich merkte, dass sie mir gar nicht zuhörte. Ich biss herzhaft in die Beeren und ließ den Saft spritzen. Welche Frische! Die Augusttrauben hatten noch einen grasigen Geschmack, herb wie Sauerampfer.

Eine Woche lang sah ich die Frau des Wildhüters nicht mehr. Der Weg zu ihrem Haus lockte mich zwar, doch ich wusste, dass ich schon beim ersten Schritt den Kopf verlieren würde. Ich schloss mich in mein Zimmer ein, und die Wirtin der Pension Les Marmottes sagte, ich sei tatsächlich so etwas wie ein Murmeltier. Oder ich ging einen Weg über dem Dorf, dessen Lärchendächer aus grauen und malvenen Schindeln sich an den Hang schmiegten wie Taubengefieder. Die Ähnlichkeit rührte von Farbe und Material zugleich; die Holzplättchen, die von Sonne und Regen dünngeschrumpft waren, verwittert und geriefelt, ließen an zarte Federn denken, die sich aufschwingen konnten: Hätte der Talwind stärker geweht ... Ich betrachtete das Dach auf dem Haus meiner Buhle und witterte seinen Rauch. Dann ging ich weiter. Wohin ich mich wandte, was ich auch tat, immer wartete ich. Ich war nur noch Erwartung.

Am Abend betrachtete ich die Waldstriche, die die Spätsonne noch erhellte. Ihr glanzloses Dasein wandelte sich in unwirkliche Schönheit, ich war ganz bestürzt, dass ich nicht mit Jeanne dort sein konnte. Die goldenen Märchenreiche, unerreichbar und doch nah, ließen mich verzweifeln.

Nun dachte ich wieder daran, dass sie mir einst gesagt hatte: «Ich möchte dich heiraten ...», und an meine Antwort: «Doch du kannst nicht!» Und an ihr seltsames Lächeln, das mich mit Scham erfüllt hatte. Am zweiten Sonntag im August endlich gab mir der Gedanke, Jeanne wiederzusehen, wenigstens an der Messe, einen Schwung, eine verliebte Kraft, die mich fast ohnmächtig werden ließ. Welche Enttäuschung, als ich feststellte, dass sie in der gewohnten Bankreihe fehlte! Anathas war auch nicht unter den Sängern.

Aber ich sah seinen jüngeren Bruder Gabriel. Seine kriege-
risch-raue Schönheit schien mich zu verhöhnen. (Ich bin
nicht besonders breitschultrig, und meine körperliche Leis-
tungsfähigkeit übertrifft kaum diejenige anderer Schüler.)
Ich hatte auch den Eindruck, dass mich Frauen und Männer
beim Verlassen der Kirche verstohlen musterten. Ich stellte
mich ihrer Neugier und knüpfte mit einigen ein Gespräch an,
doch sie mieden meinen Blick und blieben wortkarg: «Eh, die
sind ans Fest.»

«Welches Fest?»

«Das Fest … drüben in Manec.»

Sie zeigten auf den großen Wald, hinter dem das Dorf lag.
Ich wollte hingehen.

Es herrschte wieder Dürre. Auf dem Weg lag weißer Staub,
vermengt mit Maultierdreck und mit Scharen kleiner blauer
Falter, die am Boden klebten und mich zum Ausweichen
zwangen. Unter dem Tannengeäst mit den Schleiern aus
Bartflechten war der Weg dunkel und kotig. Dort fühlte ich
mich bedrückt; doch in den Lichtungen beherrschte strahlen-
der Sommer die Welt und umhüllte mich mit einem Licht-
kranz.

Eine Holzbrücke führte über den Wildbach, an dem ich
mich weiter bergwärts zum ersten Mal mit Jeanne getroffen
hatte. Ein anderer Bergbach vereinte sich mit ihm; die Gewässer trennten sich und bildeten Inseln, die mich erneut an
meinen Traum erinnerten. Doch hier wucherten nur Zwerg-
weiden, Alpenrosen und die Kerzen des Steinbrechs. Ich blieb
stehen, gefangen im betäubenden Rauschen, und ich erinnerte mich, dass ich als Kind an Fiebertagen stets an die Gletscherwasser dachte, die mit ihrer Kälte das Zahnfleisch här-

ten. Mein heißer Wahn ließ sie jeweils bis an mein Bett heranschäumen, und ich riss dann den ausgetrockneten Mund auf zum Trinken.

Ich ging weiter und begegnete Spaziergängern. Es waren Burschen und Mädchen aus andern Dörfern und vielleicht aus der Talebene. Offenbar hatten sie genug vom Fest und schwärmten nun weiter aus. Alle waren jung, kaum der Kindheit entwachsen, und es verwirrte mich, dass sie ihre Verliebtheit so offen zur Schau trugen: Ich hatte entdeckt, dass sich alle ähnlich sahen wie Geschwister. Gleicher Wuchs, fast gleiches Gesicht, so gingen sie zu zweien, dicht umschlungen, hintereinander wie an einer Prozession. War es die Liebe, der Frohsinn, die Jugend, die ihren Zügen die Ähnlichkeit von Angehörigen derselben Familie gab, oder eine Art Überheblichkeit? Fühlte ich Neid auf sie? Ich war nur zweiundzwanzig und kam mir dennoch alt vor.

Wieder war ich allein. Ein brauner Falter flog durch einen Sonnenstrahl, der aus dem Geäst kam, und glitt über den Weg hin, ohne die Flügelchen zu bewegen, getragen vom warmen Wind aus dem Tal. Ich sah, dass es ein Bläulingweibchen war, trotz der dunklen Färbung, und aus der Nähe bemerkte ich den wundersamen Goldton. Andere schwebten vorbei. Die Gefangenen der Schachtel, die Gabriel Jeanne geschenkt hatte? … Ein Weißling, ein Apollofalter. Ich bewunderte die feinen Unterschiede, nicht nur zwischen den Arten, sondern auch zwischen Männchen und Weibchen derselben Art. Ich fragte mich, aus welchem geheimen Grund ich die Unterschiede zwischen den Menschen weniger gut erkannte. «Du bist kindlich und noch blind», sagte ich mir, «mit den Jahren werden dir die Augen aufgehen, und bist du einst wirklich alt, da möchtest du sie gar nicht mehr schließen, so vieles offenbaren sie dir von den Mitmenschen!»

Und wieder hörte ich schlendernde Schritte. Ein letztes Pärchen kam mir entgegen. Der Junge schien mir sechzehn und, wie nicht selten in diesem Alter, zugleich befangen und aufgeblasen, und das Mädchen, das bei meinem Anblick errötete, trug eine verschämt-glückliche Miene zur Schau, die mich kränkte. Und wie groß war meine Überraschung, als ich erkannte, dass es Jeanne war, die sich eng an Gabriel schmiegte. Beide hielten meinem Blick stand. «Wir kommen zurück vom Fest», sagten sie, «es war nicht überwältigend.»

«Und Anathas?»

«Er ist dort geblieben», sagte Jeanne mit leiser Stimme, «er will wohl noch die Runde durch einige Weinkeller machen.»

Ich wusste nichts mehr zu sagen und wandte mich ab, damit ich sie nicht mehr sah, doch das weiche Schlurfen ihrer Schritte klang mir noch lange in den Ohren.

Eine schreckliche Angst überkam mich, ich ging einen abschüssigen Weg hinab, der in ein unentwirrbares Dickicht aus dürren Ästen führte. Unter den halb abgestorbenen Bäumen keimte kein Pflanzenwuchs. Da faulte der Boden aus Tannennadeln, abgefallen im Lauf der Jahrhunderte, und aus schwarzem Humus, fein wie Ruß; manchmal hob er sich, aufgesprengt von schwefelgelben Eierschwämmen, Feuerpilzen aus dem Schoß der Erde, von denen nur Rand oder Kuppe zu sehen war. Das war der einzige, wenn auch kümmerliche Ausdruck echten Lebens, das hier im Dunkel umso mehr auffiel. Ich ließ mich leiten von den Leuchtpunkten, tanzte von einem zum andern, pflückte sie. Hielt ich sie in der Hand, so glaubte ich ein Menschenohr zu fühlen, ich zerbröckelte sie zwischen den Fingern und freute mich am weichen Widerstand.

Ich hatte den Eindruck, ich klettere in einen Schacht, einen abgrundtiefen, stockdunklen Schacht, und in meiner Bedrücktheit fand ich Gefallen daran. Unaufhörlich rutschte ich weiter über den molligfeuchten Boden. Rings um mich standen die Stämmchen kreuz und quer, die Zweige bebten wie flüchtige Tiere und ließen graugrüne Flechten flattern. Ich spürte Lust und Verzweiflung, als ich immer tiefer hinunterstieg.

Doch ohne mein Dazutun entkam ich jenem Grab. Büsche, in der Sonne blau und leuchtend, blendeten mich. Ihre wolligen Blätter und die Flügel brummender Käfer streiften mich. Ich war auf einem Felsplateau, das in das Tal hinaushing; ich wollte mich schon ins Gras niederlegen, als ich Jeannes Ehemann gewahrte.

Er hatte mich nicht kommen gehört. Er saß aufrecht da, mit starrem Blick, wie versteinert. Ich sah ihn im Profil; er lehnte an die hohe Felswand. Er war bleich, und ich bemerkte, dass er seinen Bart nicht mehr trug, doch ein rötlicher Flaum sprosste wieder nach. Über ihm tänzelten Bläulinge, die sich bald auf seinen Arm, bald auf die Stirne niederließen, ihr Rüsselchen in die Schweißperlen tauchten und flüchtige Schatten warfen. Starr vor Schrecken sah ich, dass er sie nicht wegscheuchte und sie überhaupt nicht zu bemerken schien, ebenso wenig wie mich. Einen Augenblick lang glaubte ich ihn betrunken und wollte mich wegstehlen; doch von dem Manne ging eine geheimnisvolle Strahlung aus, die mich zum Bleiben bewog.

Anathas! Offen gestanden hatte ich mich nie um ihn gekümmert. Manchmal hatte ich mich zwar bei Jeanne beiläufig nach ihm erkundigt – doch hatte ich öfters an den Mann gedacht, dessen Gut ich wegstahl? Nein. Jeannes Liebe löschte für mich alles ringsum aus. Ich hatte mir kein Gewissen daraus gemacht. Dachte sie etwa daran? Ich glaube kaum. Sie schien seiner überdrüssig. Ja, die Einsamkeit hatte uns umfangen, die beiden Körper eingeschlossen, und ich hatte kein Mitleid gefühlt. Doch jetzt? Jäh wurde mir bewusst, dass es Anathas gab. Jener Mann in mittlerem Alter, der da saß, nachlässig gekämmt und angegraut, war für mich erst jetzt geboren. Ich musste mich räuspern, bevor ich ein Wort herausbrachte. Anathas hörte mich nicht. Oder wollte er mich nicht hören? Ich trat entschlossen näher, doch da sah ich an seinem Blick, dass er meine Anwesenheit immer noch nicht bemerkt hatte.

Mehrmals sagte ich ihm meinen Gruß – er antwortete nicht. Ich sah seine Pupillen flackern, die geröteten Lider schlossen sich. Doch sie hoben sich bald, und nun blickte er mich an. Erkannte er mich? Ich weiß nicht.

«Lassen Sie mich», keuchte er.

Er hatte nicht die gewohnte Stimme. Betrunken, dachte ich wieder, ohne recht daran zu glauben. «Sie ruhen sich wohl aus?», fragte ich läppisch.

Sein trübsinniger Blick ließ mich die Aufdringlichkeit bereuen. Trotzdem flüsterte ich: «Sie warten auf jemand?»

Er rührte sich nicht. Ich brachte es nicht über mich, jetzt zu gehen. Woher nur kam mir der unwiderstehliche Drang, die nahezu wortlose Unterredung fortzusetzen? Ich musste ihn sprechen, sein Vertrauen gewinnen! Weshalb? Eine überraschende, unerklärliche Freundschaft. Ach, hätte ich mich nur verständigen können! Doch Anathas blieb taub. Er war abwesend, teilnahmslos, ach, nie hätte ich mir das so peinvoll vorgestellt! Die Enge des Gebiets (ein Felsband über tausend Metern Leere) und das Absolute dieser Einsamkeit verstärkten nur die Beklemmung.

«Ich schaue mich um.»

Und ohne mich zu beachten, starrte er weiter in die Ferne. Da er erriet, dass ich nicht gehen wollte, stieß er lauter hervor: «Lassen Sie mich, ich bin am Beobachten.»

So machte ich mich denn zögernd davon. Bevor mich der Wald wieder aufnahm, hörte ich hinter mir ein Brausen. Da ich glaubte, Anathas sei aufgestanden, kehrte ich mich. Doch es war ein Kolkrabe, der über den Hang rauschte. Der Mann am Fuß der Felsen hatte sich nicht bewegt.

Ich eilte hastig den Steilweg hinauf und fand bald die Sonne wieder. In einer Lichtung am Bach streckte ich mich aus. Unter meinem Hemd brannte die Haut im prallen Augustlicht; eine rote Ameise suchte sich ihren Weg über die Brust, und das zärtlichsanfte Kribbeln verstärkte noch meine Einsamkeit. Ich hatte Durst, aber ich liebte das Bergwasser nicht mehr; und doch stellte ich mir vor, das Wasser, das an mir vorbeirauschte und herb nach Moos und Steinen schmecken musste, fließe über mich, und der Gedanke labte mich.

Vielleicht hatte ich geschlafen? Ich weiß nicht. Ich stand auf, um ins Dorf zurückzukehren, da zogen zinnoberrote Pünktchen meinen Blick an. Als ich mich zur Böschung bückte, erkannte ich eine Art winziger Pilze. Ich erinnerte mich wieder, dass ich bei Anathas rote Tröpfchen gesehen hatte, eines oder zwei, die über die Schläfe perlten. Blut? Ich hatte nicht achtgegeben. Im Wald zerkratzt man sich leicht …
Aber waren noch andere Kratzer unter den angegrauten Haa-

ren versteckt? … Ich sah wieder die leicht fliehende Stirn des Anathas, die Augenwülste; und die Stirn zeigte keine Spuren von Blut. Du irrst wohl, dachte ich. Aber beharrlich wie am Schlüssel, den Blaubarts verängstigte Frau gescheuert hatte, tauchte der Blutfleck wieder auf.

Als ich im Dorf war, kam schon der Abend. Der Marsch hatte meine Bedenken zerstreut. Ich wollte hinauf zur Pension Les Marmottes, da lockte mich ein Lärm von Handorgeln auf den Dorfplatz. Die jungen Leute, denen ich zu Beginn des Tages begegnet war, tanzten beim Brunnen. Getanzt hätten sie auch sonst irgendwo, auf der Wiese, im Wald; gewiss würden sie sich weitere Plätze aussuchen und erst im Morgengrauen heimkehren. Obschon es noch hell war, brannte eine Laterne über ihren Köpfen, und das elektrische Licht ließ alle um fünfzehn Jahre älter erscheinen. Ich musste lächeln beim Gedanken, dass ich sie noch fast als Kinder gesehen hatte und sie nun im reifen Alter wiederfand.

Doch plötzlich sah ich Jeanne, die mit Gabriel tanzte! Zorn erfasste mich. Ich näherte mich den Tänzern. Das Akkordeon verstummte, und man hörte jemanden sagen: «Wo ist Anathas?»

«Ja, wo ist er?», wiederholte ich voller Scham, dass ich ihn vergessen hatte. Ich suchte im Verstohlenen Jeannes Blick zu erhaschen, aber sie hatte den Kopf abgewandt. Sie schien befreundet mit allen Mädchen, die ihren Liebhabern glichen wie Schwestern. Gabriel hielt den Arm um sie und zog sie fest an sich. Sie löste sich, ich konnte sie ansprechen. Sie hob die dunkelglänzenden Kastanienaugen, doch bemühte sich nicht einmal zu einem Gruß.

«Ich habe Anathas im Wald gesehen», flüsterte ich, «auf einem Felsband, zum Teufel, und er … was ist ihm zugestoßen?»

«Weiß ich doch nicht», sagte sie, «lassen Sie mich …»

Lassen Sie mich. Das hatte mir auch Anathas gesagt. Ich versank in trübes Sinnen. Die Leute wollten von mir in Ruhe gelassen werden, und ich belästigte sie immer wieder! Sollte das ein Leben lang so bleiben? Doch was bedeutet schon das Leben! Mir kam das Verlangen, aus dieser Welt zu gehen, in der man *tatsächlich* niemandem begegnet.

Am nächsten Tag wurde Anathas im Wald gefunden, wo ich ihn gesehen hatte. Man fand ihn sitzend, tot. Sein Bart war nachgewachsen, er hatte am Kopf eine kleine Verletzung, die jedoch nicht tief zu sein schien. «Wir mussten mit Steinen nach den Raben werfen, sie hopsten um ihn herum!»

«Er ist abgestürzt», erklärte der aus dem Tal herbeigerufene Arzt, «und an einer inneren Blutung gestorben.» Aber die Leute wollten ihm nicht glauben, ihrer Ansicht nach war Anathas von einem Wilderer getötet worden.

«Die Wildhüter enden alle auf diese Weise.»

Sie hatten auch andere Verdachte …

«Was er nicht hüten konnte, war seine Frau.»

Ich schwieg. Ich war einem Sterbenden begegnet und hatte nichts gemerkt, nichts getan, ihm zu helfen, ihn zu retten! Die Schande erdrückte mich. Ich hatte den Eindruck, an einer Holzbirne aus dem Bergwald zu kauen und ihren herbsauren Geschmack zu spüren.

Ich machte dem Verstorbenen meine Aufwartung. Anathas lag auf dem breiten Bett, einen Schleier auf dem Gesicht. Ich versuchte zu beten. Mit einem Zweiglein der Bärentraube besprengte ich ihn mit Weihwasser. Jeanne kniete in einem Winkel und hielt den Blick gesenkt.

«Sie scheint doch zu trauern», tuschelten die Bauern.

Ich betrachtete Jeanne. Ich schaute sie an, nun ohne Verwirrung, wie aus weiter Ferne. Unsere Geschichte war zu Ende. Ich wusste mich von ihr getrennt für immer. Ich würde sie nicht mehr zu treffen suchen. Mit seinem Tod erst hatte sich Anathas zwischen uns gestellt.

«Die Flamme, ob gottlos oder göttlich, wirft keinen Schatten», meinte sie plötzlich zwischen zwei Schluchzern. Und sie zeigte auf die beiden Kerzen, die auf dem Nachttisch brannten. «Wir sehen nicht hindurch, sie verdecken, was dahinter ist.»

Die Dorfleute, die sie nie verstanden hatten, hörten ihr bestürzt zu, und einen Moment glaubte auch ich, sie verliere den Verstand. Aber da erinnerte ich mich früherer Äußerungen und stellte fest, dass ihr das Unglück die Phrasendrescherei nicht verleidet hatte. Die Mutter des toten Anathas, eine alte Frau, die ich zum ersten Mal bemerkte, schüttelte den Kopf: «Ich muss es den Bienen mitteilen, sonst denkt ja doch niemand daran.»

Sie zog ihr Sonntagskleid an und eilte ins untere Maiensäß, wo die zwei armseligen Bienenstöcke des Anathas standen. Später vernahm ich, dass sie dreimal angeklopft und gesagt habe: «Euer Meister ist gestorben!» Und dann hatte sie ein schwarzes Tuch darübergebreitet.

Doch die Bestürzung, die alles Leben im Dorf stocken ließ, hielt noch tagelang an. Die Stille war schrecklich. Hätte nicht die Feldarbeit die Männer und Frauen aus dem Haus gezwungen, so hätten sie sich nicht gerührt. Sie atmeten noch den schal anhaftenden Ruch des Todes, den weder Windstöße noch Feuer und Blumenduft austreiben konnten. Man hörte keinen frohen Zuruf mehr, und die Äxte flitzten nicht mehr in das Spaltholz. Jeanne, die Witwe, ließ sich nun wieder auf der Straße sehen, tiefernst und so vornehm in ihrem Trauerkleid, dass jedermann sie grüßte. Sie hatte viel geweint. Man begann sogar Mitleid mit ihr zu haben. Sie hatte gesagt, sie werde aus den Bergen wegziehen. Sie werde die Wohnung behalten, aber sonst alle Habe verkaufen. Sie sprach auch von einer Mission und künftigem Dienst an Leprakranken: «Hat man erst gewisse Dinge durchgemacht im Leben, dann wird man durch nichts mehr erschüttert. Ich möchte mich fortan dem Wohle der Menschheit widmen.»

Halb ungläubig, halb bewundernd hörten die Frauen zu. Ich aber hatte Anathas verraten, in der Stunde des Sterbens fahrlässig im Stich gelassen.

«Warum auch haben Sie uns nichts gesagt, noch am selben Abend?», hatte mir der Gemeindepräsident vorgeworfen.

Ich wusste nicht. Ich verstand nichts mehr. Vor allem verstand ich nicht, dass ich diese Frau einst geliebt hatte. Die Liebe war von mir gefallen, jählings, wie ein Mantel fällt.

«Anathas hat sich eben über nichts beklagt», hatte ich geantwortet. «Er hat nur gesagt: ‹Ich schaue mich um ... lassen Sie mich.›»

«Tatsächlich hatte er seit einiger Zeit wieder zu trinken begonnen ...»

Und der Präsident warf mir einen misstrauischen, aber nicht unhöflichen Blick zu.

Jeanne trug eine anthrazitfarbene Witwenrobe, und die

43

feinen Spitzen an Ausschnitt und Manschetten verrieten, wie viel Zeit und Sorgfalt sie darauf verwandt hatte. Wider meinen Willen fand ich sie noch schöner als früher, aber ich begehrte sie nicht mehr. Ich mied ihre Nähe, und begegnete ich ihr auf der Straße, so wich ich sogar ihrem Schatten aus.

Wenn die Dorfleute zum Abendhöck zusammenkamen, hörte ich wie bisher zu, was Jeanne erzählte. Sie sprach über den Tod und trauerte um Anathas. Sie seufzte: «Ach, der Tod …» und schloss dabei die Augen. Sie glaubte, das Leben im Jenseits sei dumpf und freudlos und die Seelen, schmerzlich des Leibes beraubt und verkümmert, irrten durch einen trüben Dämmer wie an bösen Dezembertagen. An paradiesische Freuden wollte sie nicht glauben. «Was man hat, hat man hienieden, nachher ist es zu spät», sagte sie.

«Ja, zu spät zur Reue …», fügten die Frauen bei, die andere Ansichten hatten.

Ich versuchte darzulegen, dass das Leben im Jenseits das einzig Wirkliche sei.

«Nein, nein, Gewalt haben wir nur über dieses Leben, dann ist es aus damit.»

«Und die Unvollkommenheit des Menschen?», fragte ich.

«Die möchte ich nicht ändern.» Sie fügte bei: «Als Tote sind wir dereinst armselig dran, richtig arm.»

Einstweilen spürte man ein seltsames Gefühl des Friedens: die Welt stand plötzlich still. Hatte sie zuvor gebebt? Ich weiß nicht, doch wir waren gewiss erschüttert worden. Manchmal schwankte eine schwarzglänzende Kuh mit weitgespreizten Hörnern vorbei und schwenkte laut die Glocke, und dies war die einzige Schwingung am Berg. Da war noch das Geschaukel eines kleinen Mädchens mit Schürzchen, das der Hecke voll karminroten Berberitzen entlanghüpfte. Auf den Wiesen vor dem Dorf wurden Schafe geschoren. Die alten Frauen, denen einige Kinder zur Hand gingen, beugten sich über den gefesselten Schafbock, der nackt dalag wie ein großer, gerupfter Vogel. Sie tätschelten die rosiggestutzten Flanken, klippten und klappten mit den verrosteten Riesenscheren und rafften die Wolle zusammen.

Alle Kühe waren im festlichen Zug von der Alp zurückgekehrt, voraus die siegreiche Königin der Kampftiere und dann ihr Gefolge, und auf den Wegen, wo sie die Ränder zertreten und den Staub aufgewirbelt hatten, lagen Maßliebchen und Seidenbänder, die aus ihren Blumendiademen herausgefallen waren.

Jeanne war immer seltener zu sehen. Sie hatte sich mit den Gläubigern des Verstorbenen herumzustreiten, und häufig ging sie hinunter ins Tal. Ich suchte sie nie mehr zu treffen. Meine Liebe ist tot, sagte ich mir. Aber war sie es wirklich? Eine richtige Liebe stirbt nicht so rasch. Sie lebt eine Zeitlang ihr Eigenleben, losgelöst von den Menschen, wie eine ungenutzte Kraft, ein Lichthof auf der Suche nach einem Menschen. So jedenfalls stellte ich es mir vor. Und mit der Naivität des Mannes hoffte ich diese Liebe im Jenseits wiederzufinden, gereinigt von allem Zufälligen, aufgelöst in Gott, endlich vollkommen.

Ich irrte weiterhin durch die Wälder und Wiesen, allein, von früh bis spät und oft bis in die Nacht. Was war, schien nicht mehr von dieser Welt zu sein. Ich ging an Bauern vorüber, die Kühe hüteten und Ziegen, wie neben längst verstorbenen Bauern, die immer noch dastanden und ihr Vieh hüteten. Ich grüßte sie wortlos, ihnen endlich gleichgeworden, und genoss die Stille nach dem rastlosen Sommer.

«Auf der Alp sprießen die Blumen wieder wie im Frühling», sagte mir eines Tages ein Mädchen. «Alles strotzt von Löwenzahn, und man sieht sogar Anemonen.»

Ich wollte sehen und ging hinauf. Von neuem fühlte ich mich glücklich und beruhigt. Meine Familie und die Städtchen im Tal hatte ich beinahe vergessen, ich schrieb keine Briefe und sprach nie davon, dass ich mein Studium fortsetzen wolle. Dürre Pflanzen, wie Seepferdchen, hakten sich, wenn ich mich setzte, in meine Kleider. Neben mir erblühte ein stengelloser Enzian; ein graublauer Falter von der Farbe des Blütentrichters ließ sich darauf nieder. Ich griff zu. Der Bläuling entflog. Doch die abgerissene Blume zuckte in meiner Hand wie ein verendendes Tier. Sie erinnerte mich daran, wie ich im dunklen Wald Eierschwämme gepflückt hatte und zum Felssporn mit Anathas gelangt war … Hatte er gewusst, dass ich der Geliebte seiner Frau war? Mag sein, dass er es gewusst hatte. Doch jetzt wollte ich nicht mehr daran denken. Ich betrachtete die sommerlichen Disteln, die zu fahlgelben Stauden aufgeschossen waren, aus deren stacheligen Kelchen violettglänzende Haarkronen herausragten; bei jeder Erschütterung flogen Sämchen davon und drangen mir in die Nase. An den hohen Dolden danebend baumelten längliche Samenkörner wie die Glaskristalle am Kirchenleuchter, den Jeanne so sehr begehrt hatte. Diese Blumen hatte sie mir einst gezeigt und dazu erklärt: «Angelica, die Engelgleiche.»

«Was dichtest du wieder?»

«So heißen sie, Engelwurz. In manchen Ländern baut man sie an und gewinnt ein Duftöl aus den Wurzeln.»

«Glaubst du, es sei dieselbe Art?»

Doch sie hörte mir schon nicht mehr zu. Und jetzt begleitete mich ihr Schatten auf meinen Irrfahrten; überall sah ich sie wieder, demütig und zerstreut. Und wie zuvor, trotz ihrer Sanftmut, entglitt sie mir immer wieder. Ein leiser Schmerz überkam mich. Sehnte ich mich zurück nach meiner Liebe zu ihr? Ich hatte sie verloren und wollte sie wiederfinden, auf den abgeweideten Matten, auf denen die letzten geschorenen Schafe blökten; aber ich wusste, es war nutzlos, denn ich bedauerte nur mich selbst.

Ich kam spät ins Dorf zurück. Auf den Dächern trockneten graugrüne und gelbe Kartoffelstauden und Kohlblätter für das Vieh; und als ich durch die Straße ging, sah ich den Kirchturm sich zum Mond aufrichten wie eine jener Heuschrecken, die man Gottesanbeterinnen nennt.

III

Jeanne kündigte an, sie werde aus dem Dorf wegziehen. Sie wolle bei ihrer Schwester im Nachbarkanton wohnen. Mit gewohnter Höflichkeit machte sie die Abschiedsbesuche, packte die Koffer und schloss die Wohnung ab. Beim Fortgehen traf sie auf mich und auch auf Gabriel, den jüngeren Bruder von Anathas. Scheinbar ganz zufällig.

«Begleitet ihr mich?», fragte sie. Seit dem Tod ihres Gatten hatte ich mich nicht mehr um den Jüngling gekümmert, zu Unrecht: Ich hätte bemerkt, dass er seine strahlende Siegermiene verloren hatte und sich nun wie ich bemühte, seiner

Schwägerin auszuweichen. Er nahm ihren Koffer und ich ihre Tasche.

Wir schritten neben ihr und sagten kein Wort. Zum ersten Mal seit dem Fest mitten im August ging ich wieder jenen Waldweg, der nach Manec führt, von wo aus Jeanne mit dem Autocar ins Tal fahren wollte. Ich erkannte die Landschaft fast nicht wieder; sie wirkte nun luftig und vom Herbst geweitet.

Unter uns verströmten die Lärchen einen gelblichen Schimmer von verhaltener Kraft, der die Borke noch dunkler erscheinen ließ. Auffällig waren die Sträucher und Bäumchen mit roten Vogelbeeren und wilden Kirschen, die sich nach links und rechts neigten und so die eintönigen Vertikalen der Nadelbäume durchkreuzten. Doch alles hatte die Schwere, die irdische Bindung verloren, und der duftige Wald schien die Wurzeln zu lösen und emporzuschweben. Wir warfen einen flüchtigen Blick auf die Gipfel der Berge, die mit Neuschnee überdeckt waren. Ich hörte Gabriel sagen: «Der Schnee kommt jeden Tag weiter herab. Er versperrt uns den Weg, man entwischt ihm nicht, ganz gewiss nicht.»

«Du fährst doch gern Ski?», warf Jeanne überrascht ein.

«Ach, das …»

Er sah bedrückt aus. Ich konnte an ihm kaum mehr einen Abglanz des früheren Frohsinns feststellen. Wir gingen neben einer Frau, die wir geliebt hatten, und diese Frau verabscheuten wir nun. Ich dachte wieder an die Alten im Dorf, die von Jeanne gesagt hatten: «Man kann ihr wahres Wesen nicht erkennen.» Hatte ich sie etwa erkannt?

«Sie ziehen also weg?», sagte Gabriel, als hätte er es eben erst erfahren.

«Jawohl, ich ziehe weg und werde eine völlig neue Jeanne.»

Lange Zeit herrschte Schweigen, dann fuhr Gabriel in barschem Ton fort: «Seltsam, wie er gestorben ist, Anathas.»

Sie schwieg.

«Seltsam, sein Tod», wiederholte er und schaute sie an.

«Ein schöner Tod», sagte sie endlich mit leiser Stimme, «er ist im Wald gestorben.»

Ein Schimmern erhellte uns, es stammte von bleichen, weißlichen Gräsern, vom Raureif zu unsern Füßen. Ich schwitzte. Nicht weil ich müde oder erregt war: es herrschte sommerliche Hitze.

«Lasst mich gehen», flehte Jeanne.

«Noch nicht», sagte ich.

Dem Wald entströmten würzige Düfte, die mich verwirrten wie die Erinnerung an Taten im Traum. Die wogenden Gerüche waren wirklicher als die Bäume selbst. Sie entstiegen dem Wacholder, den dürren Halmen, den Wurzeln; sie umschwebten und bedrängten mich, verschwanden und kamen erneut. Nun waren wir wieder im Lärchenhain.

«Wie ein Waldbrand!», rief sie aus. «Starre Flammen auf den Ästen ...»

«Wohl die ewigen Flammen», sagte Gabriel mit verdrießlichem Gesicht.

Und dann rief sie aus: «Erdbeeren, schauen Sie! Erdbeeren im Herbst, wundervoll, besonders jene ...»

Mund voll Erde,
Mund voll Liebe

«Hört ihr?»

Sie hob einen Finger und berührte die Arvendecke, doch die drei Männer achteten kaum auf sie. Ihr Bruder Bruno meinte lediglich: «Die Stübchen sind zu niedrig für uns, die Leute von früher waren Zwerge.»

«Glaubst du, sie waren wirklich kleiner als wir?»

«Gewiss, das merkt man, man muss nur an einem alten Tisch sitzen, an einem mit Essgruben statt Tellern.»

«Vielleicht kauerten die Leute halt oder saßen auf niedrigen Bänken», erklärte Bernard.

«Hört doch!»

Die hellhörige junge Frau sah ihre Gefährten an. Diesmal hatten auch sie es vernommen, sie hatte sich nicht getäuscht. «Das Käuzlein ruft!»

«Das bringt Unglück», höhnte Hans, der mit starkem Deutschschweizer Akzent Französisch sprach, ein Thurgauer, den die Weihnachtsferien alljährlich in die Berge brachten, zu seinen Freunden aus der Kinderzeit.

Bruno brach in ein Lachen aus, das fast die Spinnweben von den Balken riss. Er stand auf und öffnete die Tür der Berghütte: «Ich bringe euch den Kauz!»

Bernard und Hans sahen sich bestürzt an. Nur die junge Frau war im Bild, doch auch sie wartete bange. An manchen Winterabenden waren die Häuser umhüllt wie das Kernhaus einer Frucht: vom Nebel, der nun, als Körper greifbar, in die Stube drang.

«Dieser Schrei …»

Schon dröhnten schwere Schritte über die Laube. Schnee wurde von den Schuhen geklopft.

«Darf ich vorstellen: der Waldkauz!»

Bruno schob einen roten Riesen vor sich her, der den gewaltigen Brustkasten wie ein Kampfross in Leder geschirrt hatte und sich nur mühsam bewegte, ohne jedoch zu schwanken. Seine Kleider waren mit Schnee und Schmutz beschmiert. Jemand bot ihm einen Stuhl an. Clémence hatte instinktiv die Hände zusammengeschlagen und rief nun, mehr um zu entkommen als zu helfen, aus: «Ich mach dir einen guten Kaffee, Hilarius, das tut dir wohl!»

Und husch verschwand sie in der Küche.

Die drei Gefährten, voll Rücksicht auf den Neugekommenen, umsorgten ihn mit jener absonderlichen Barmherzigkeit, die Männer vornehmlich Betrunkenen widmen. Doch er strotzte von so viel Kraft, dass die Aufmerksamkeiten ihn so wenig scherten wie Fliegen auf einem Panzerhemd. Eine lässige Handbewegung, und die drei ferienfreudigen Stadtmenschen wären umgefallen. Doch sein ungeschlachtes Wesen war gepaart mit Sanftmut.

«Komm, setz dich an den Ofen zum Trocknen.»

«Er lag im Schnee und wollte so die Nacht verbringen!»

«Nicht zum ersten Mal», sagte der Saufbold.

Er sprach bedächtig, mit tiefem Bass; die schweren Lider mit den rotgoldenen Fransen fielen ihm zu und verdeckten die graugrünen Augen, die von der Kälte gerötet waren.

«Aber eine Nacht kann die letzte sein», tadelte Bernard.

«Und dann?»

«Sie richten sich selber zugrunde, Sie schaden sich noch und noch!», klagte Clémence, die eben zurückkam, eine Tasse heißen Kaffee in der Hand.

Er blickte verzweifelt zu ihr auf und sagte sanft: «Dankeschön, Madame.»

«Du machst es gut nach, das Käuzchen. Antwortet es dir?»

«Nein, eine Antwort habe ich nie bekommen.»

«Wenn du angewärmt bist, singst du uns dann das Lied?»

Ihr Mann zuckte verdrießlich die Achseln.

«Was für ein Lied ist nun das wieder», knurrte Hans.

«Oh, es heißt darin: Mein Mund ist voll Erde, der deine voll Liebe», deklamierte Bernard etwas verlegen.

Bruno lief durch das Zimmer und suchte nach Tabak. Irgendwo fand er einen Stumpen und streckte ihn Hilarius zu, doch dieser rührte sich nicht, ließ den einen Arm hinunterbaumeln, und die Augendeckel waren ihm wieder zugefallen. Sein massiges Gesicht zeigte im Licht die Augenumrisse, einen geraden Nasenrücken und schmale Lippen von roher Schönheit.

«Du hast deinen Bart nicht mehr?», erkundigte sich der Thurgauer.

«Nein.»

«Warum?»

«Er wird allzu rot. Das Feuer ärgert die im Dorf.»

«Tatsächlich», platzte Bruno heraus, der den Bart noch gesehen hatte. «Feuerrot ist er.»

«Doch seine Haare sind fast braun», wandte Hans ein. «Der Bart gehört zu einer andern Art von Haaren, wie die Augenbrauen, die Brusthaare und die …» Er machte eine bezeichnende Gebärde.

«Lassen Sie ihn doch wieder wachsen», riet Bernard.

«Also gut, dir zuliebe lass ich ihn wachsen», spottete der Riese. «Es geht sowieso nicht mehr lang, dann bin ich bleich.»

«Ach was, du bist noch jung», rief Clémence, die ahnte, dass er den weißen Bart meinte. Doch sie dachte an den Tod. Und als hätte er ihren Gedanken erraten, brummte der Betrunkene: «Aus und fertig, das Nichts …»

Zu seinen Füßen lag, einem toten Schakal ähnlich, ein Ledersack, den er stets mit sich trug, und seine Gastgeber warfen zuweilen einen beklommenen Blick darauf. Ein Flaschenhals, in einen dreckigen Lederriemen eingezwängt, ragte daraus hervor.

«Der säuft den Schnaps literweise, und was für Schnaps! Wein spürt er gar nicht mehr.»

«Ich möchte, dass ihr den versucht», meinte der Mann, nestelte am Sack und fasste die Flasche.

Bernard pflichtete ihm bei (Betrunkenen darf man nicht widersprechen), und Clémence brachte Gläschen und eine zweite Tasse Kaffee.

«Danke schön, Madame.»

Sie musterte ihn. Zum ersten Mal sah sie den Bauern, der im ganzen Tal als Herkules galt, in einem Zimmer. «Der bringt sich nach und nach um, sein Geist löscht ab, das Gehör lässt nach, er sieht weniger gut», pflegte Bruno zu berichten, der ihn gut kannte. Man erzählte sich allerhand. Die einen: «Die haben es im Blut; wie der Vater, so der Sohn.» Die andern: «Mit zwanzig mochte Hilarius den Wein nicht. Er trank nie. Dann verliebte er sich in ein Mädchen, und das wollte ihn nicht …»

Woran dachte er wohl – mit seinem verschleierten Blick, dem seltsamen Lächeln auf den Lippen –, während die durchnässten Kleider leicht dampften? Auf einmal redete er mit sich selbst: «… wenn man zu Firmin hinunterging, nach Zour, und dann war man da so ein Dutzend in der Küche zusammengepfercht wie Zirbelnüsse, mit der Ernestine, der Françoise, der Adèle …» Er streckte beide Hände vor. «Und nichts, gar nichts … Wir hatten den Mumm nicht, wir kapitalen Kälber.»

Was kamen ihm für Erinnerungen? Was bereute er an erotischen Gelegenheiten, die er, von Scham und Schüchternheit gehemmt, vielleicht verpasst hatte? Er schien aus einem Traum zu erwachen und sagte, mit getrübtem Blick auf Bernard starrend: «Sie, Sie verstehen das Leben …»

Dann, zu Bruno gewandt: «Und du auch.»

Er heftete die Augen auf den Thurgauer, den er bisher noch keines Blickes gewürdigt hatte, und pfiff verächtlich. Er mochte ihn nicht leiden seit dem Tag, da er ihn verwechselt und ihm irrtümlicherweise einen Käse gegeben hatte. Der Thurgauer hatte zum Schein abgewehrt und dann, allzu erfreut über den Glücksfall, doch angenommen. Hilarius verzieh ihm immer noch nicht. Dann drehte er den Kopf zum oberen Tischende, an dem Brunos Schwester saß, und sagte seufzend: «Die da? … eine Frau!»

In dem Ausruf lag eine solche Gewissheit, dass Frauen unverständig seien und heillos dumm, gleichzeitig aber auch ein so inniges Mitleid mit ihnen, dass Clémence, trotz allem ergriffen, ein Lachen nicht unterdrücken konnte.

Ohne einen Blick zu ihr wandte er sich an ihren Mann und bat ihn demutsvoll:

«Würden Sie mir gestatten, darf ich mal mit Ihrer Frau?»

Überrascht zwar, aber ohne mit der Wimper zu zucken, erwiderte Bernard: «Für so was muss man wohl sie selber fragen.»

«Ich möchte so gerne mal mit Ihrer Frau!»

«Das sagt er jedes Mal, wenn er vollgeladen ist», flüsterte Bruno hinter der vorgehaltenen Hand.

Hilarius wiederholte seinen Spruch im selben flehentlich-friedsamen Tonfall: «Ich möchte mal mit Ihrer Frau.»

«Und Sidonie ... wäre sie damit wohl einverstanden?», fragte Bernard arglistig.

Schweigen.

Dann schnitt der Mann eine Fratze: «Paaah, die Tante Sidonie? Die ist so dürr wie das!»

Und dabei schnippte er mit dem Daumennagel.

In ihrem Geist hüllte Clémence den Daumen mit schwarzem Flittertand ein, und schon hatte sie die alte Jungfer vor sich. Sie wohnte im selben Holzhaus wie der Trunkenbold, im untern Stock, und lebte in ständiger Furcht vor einer Feuersbrunst. Hatte sie sich nicht in Freiburg eine Reliquie beschafft, die vor dem Feuer schützen sollte? Oft beklagte sie sich bei Bernards Frau über Hilarius: «Das ist doch kein Mensch, das ist ein Tier! Der verrottet noch im Dreck ... Er geht mit den Nagelschuhen ins Bett, die Leintücher sind schwarz. Auf seinem Stubenboden kann man die Zündhölzer hampfelweise zusammenscharren.» Sie machte eine Wischbewegung mit den Händen. «Ein Schandkerl von einem Mann! Zwar hat er auch sein Gutes ... Aber immer betrunken! In der Nacht kann ich nie mehr schlafen. Er kommt zu jeder Tages- und Nachtzeit nach Hause, dann weiß er nicht mehr, was er tut, er stopft den Ofen mit Zeitungspapier voll und stopft immer mehr hinein … Der zündet noch einmal das Haus an!»

«Ja», schloss Hilarius missmutig, «die hängt ihr Maul in alles, und wenn sie züngelt, geht es wie ein Lauffeuer durchs Dorf.»

Im Grunde sagen beide, der andere sei ein Brandstifter, dachte die junge Frau und schaute den Roten weiter an. Aber er schien abwesend, wieder herrschte bedrücktes Schweigen rund um den Tisch.

«Nun wird er das Lied nicht mehr singen», sagte sie enttäuscht vor sich hin.

«Hängst du so sehr daran?», fragte ihr Mann. Sie nickte. Ein Lichtschimmer drang durch das Fenster, doch sie bemerkten ihn nicht sofort. Der Betrunkene schwadronierte weiter: «Also ein Pastor, der wollte auf seinem Grabstein nur ein einziges Wort haben: *heute*. Denn morgen, was ist das? Könnt ihr mir sagen, was das ist: morgen? Gebt mir eine Antwort. Ihr seid doch alles gescheite Leute hier.» Bernard und Bruno zuckten leicht mit der Schulter, Hans überlegte.

«Niemand kann mir antworten. Zum *Gestern* kann man nicht zurück, und *morgen*, was ist das? Was kommt nach dem *Heute*?»

Und er leierte seine Bitte sanft: «Einmal, Monsieur, lassen Sie mich einmal nur mit Ihrer Frau!»

Hatten sie noch Lust, ihm zuzuhören? Der Lichtschein dort erlosch nicht, sondern wurde stärker.

«Jetzt muss ich aber gehen», sagte er und warf Clémence einen matten Blick zu. «Ich spüre, wie es mich fortzieht, wie ein Seil.»

Aber er rührte sich nicht vom Fleck. Er lehnte seinen Kopf an das Arvengetäfer.

«Der Mond!»

Als Erster eilte Bruno zum Fenster und öffnete es, die andern kamen nach. Der Nebel hatte sich völlig aufgelöst, und der Mond stieg zwischen den Zinken und Zacken der Berge empor; er war rund und riesig im abgrundtiefen Himmel.

Hilarius saß immer noch da und richtete seinen Blick auf die Rücken der andern, doch sah er sie? Clémence, Bernard, Bruno und Hans? Die verschlingen den Käse, verschlingen den Mond, die haben Frau, Schwester, Freund, die haben alles.

Er aber war ein Mann, den es dürstete.

Das ganze Leben vor mir

Warum musste es gerade an jenem Tag sein, dass sie die Formen ihres Körpers erfühlte? Oh! Es war eigenartig und auf eine wundersame Weise schrecklich. Es schien ihr, eine Rose erblühe aus ihrem Schoß und zwei Knospen aus ihren Brüsten.

Sie hob das derbe Linnen ihres Hemdes und betrachtete ihre Haut, die weiß war, doch Hand und Vorderarm, dunkel gebräunt, entlockten ihr ein Lächeln. Sie errötete. Derartige Gedanken müsste man verscheuchen! Und zwar rasch. Gedanken? Empfindungen vielmehr, ungewollte, unfügsame. Eine sanfte Wärme überflutete sie. Sie war allein im holzgetäferten Kämmerchen, dem Jungmädchenzimmer; ihre älteren Schwestern, frühzeitig aufgestanden, waren mit einem Ruhealtar beschäftigt. Sie richtete den Blick zum Fenster und dachte unvermittelt daran, dass einst an einem Gewittertag ein Mädchen aus dem Dorf hinter einer ähnlichen Glasscheibe allen Leuten die milchigen Brüstchen unter dem braunen Hals gezeigt hatte. Der Vater hat sie dann so verprügelt, dass sie weglief. Man hat sie seither nicht wiedergesehen. Man glaubt, dass sie in der Stadt zur Hure geworden sei; andere sagen, sie habe den Verstand verloren.

Wenn auch sie irrsinnig würde? Dann gäbe es keine Sünde mehr, und solche Dinge wären nichts Böses … Sie errötete zum zweiten Mal, und nicht nur an den Wangen, sondern auch an Kinn und Kehle. Durfte sie noch zur Kommunion nach alledem? Ja schon, denn ich habe schließlich dem Drang nicht *nachgegeben*. Und um sicherzugehen, stürzte sie sich schnell in Zerknirschung. Ein Mörserschuss erschütterte das Holzhaus. Ja, die Burschen! Kaum kommt der Morgen, so schießen sie schon … Einer davon, das weiß sie, ist ihr bestimmt. Groß ist er und hat ein ernstes Gesicht, mit Sommersprossen gesprenkelt. Sie fühlt sich erfüllt von einer leisen Zärtlichkeit für ihn. Aber nie sehnte ich mich danach, vor seinen Augen nackt zu sein.

Ein neuer Schuss! Mein Bett hat sich bewegt, fast so stark wie beim letzten Erdbeben. Solche Erdstöße gibt es öfters, man gewöhnt sich daran, aber bei jedem fragt man sich, ob er lange dauern werde. Es brauchte so wenig, ein paar Sekunden mehr … (Der Marktflecken in der Ebene unten wurde, ein Jahrhundert ist's her, zur Hälfte zerstört.) Nein, der Himmel am Fenster ist noch an Ort und Stelle; geblieben sind auch die Gerüche von Stall und Brennnesseln, vermischt mit dem Dunst von erhitztem Eisen und Schießpulver. So erwacht ein Sommertag, so erwacht ein Mädchen von siebzehn Jahren, das zum ersten Mal den dumpfen Hunger seines Körpers begriffen hat.

Aber dies ist vor allem auch der Morgen eines Fronleichnamsfests.

Aus der Ebene gegen das Dorf fährt ein Jeep voll von jungen Männern. Es sind keine Einheimischen, sie kommen im Frühling ins Land und verlassen es im Herbst wie ein ungestümer Vogelschwarm. Man nennt sie Saisonniers. Sie arbeiten auf dem Bau; ihre Frauen, sofern sie haben, helfen im Haushalt, binden die Reben, hüten ihre Kinder. Die auf dem Jeep haben kaum Ehefrauen! Knapp fünfzehn- bis zwanzigjährig, und von ganz eigener Eleganz. Weiße Hemden, Krawatten, und der Stoff ihrer Anzüge schillert eigenartig. Einer von ihnen ist von – zweifellos trügerischer – Blässe und Hagerkeit, denn er ist der kräftigste, mit starken Knochen, die eine zarte Haut bedeckt. Seine Gefährten nennen ihn scherzend Totenschädel oder Gerippe.

Der Jeep fährt über die Schatten der Pappelbäume – dunkler Streifen, heller Streifen, Nacht und Tag ... – und hinauf durch ein Städtchen am Hang, das die Strahlen der Frühsonne röten. Darunter weitet sich das Tal, fließt ein türkisblauer Fluss, dem ein rotes Bähnchen, genannt die Gletscherbahn, entlangschleicht.

Tausend Meter höher hört das Mädchen seine Mutter rufen: «Aufstehen! Es ist Zeit für den Gang zur Kommunion. Dann kommst du sofort zurück und ziehst dich weiß an.» Sie ging aus dem Haus. Sie kam völlig durchfroren zurück. Von der Kirche sind nur der Turm und ein Haufen Schutt und Trümmer übriggeblieben; an ihrer Stelle will man eine andere, modernere bauen. Vorderhand hat man auf dem Schulhausplatz einen Altar aufgestellt, und alles ist kalt, alles ist nass, bevor die Sonne aufgeht. Doch sie kommt, und auch er kommt, der hagere Mann mit dem knochigen Kopf, eine Zigarette zwischen die Zähne geklemmt. Beide kommen langsam, denn der Berg versteckt sie in seinen Klüften und in den Weingärten, die von krummen Mäuerchen eingefasst sind und gefüllt mit schwarzer Erde.

Plötzlich ist sie da! Als das Mädchen durch die Türe trat, spürte es die Sonne wie einen flüchtigen Kuss im Nacken. Da hängt ihr Kleid am Nagel. Sie zieht den Mantel aus, den Rock, und beißt dabei ins Brot, das heute nicht schwarz ist, sondern weiß, und die Rindenkrümel auf der hellen Tischplatte gleichen den Sommersprossen im Gesicht ihres Verlobten. Lächelnd betrachtet sie die Flecken, die sie kennt und gern hat seit der Kinderzeit. Noch im Unterrock trinkt sie den großen Napf Milchkaffee. Die jüngeren Schwestern bitten, sie solle ihnen die Zöpfe auflösen. Ach!, diese Zöpfe, die glatten oder gekräuselten Schwänzchen, die sie aufknotet, während ihr eine ältere Schwester das lange Haar kämmt, das sich knisternd aufbäumt.

«Du tust mir weh!»

Alle wimmern und flennen, wenn tüchtige Hände die Strähnen ineinanderschlingen. Ihr Zopf ist nun steinhart geflochten und zusammengerollt, blond und rund, und unter dem vollendeten Chignon wird der weiße Schleier hervorquellen wie ein Wasserfall.

Und wie sie sich umdreht, steht schon die Mutter da, kerzengrad wie eine Königin, gekrönt mit dem hohen Trachtenhut, dessen breites Band Gold und Edelsteine schmücken.

Unten auf der steilen Straße haben sich die blassen, dünnen Lippen des jungen Mannes granatrot gefärbt, da er gerade in diesem Augenblick hineinbiss.

«Du fährst nicht schnell genug!», hat er dem Chauffeur zugeschrien.

«Wir haben Zeit, zu wem willst du?»

«Zu niemand.»

Im Dorf riecht man noch die heißen Bügeleisen, hinter deren Luken die Kohle lange geglüht hat. Bei den Mädchen gibt es noch keinen elektrischen Strom. Aber in einigen Häusern hat man ihn schon eingerichtet, und andere werden bald angeschlossen. Die Kirche soll *elliptisch* und *funktionell* werden, hat der Architekt dem Herrn Pfarrer gesagt, und dieser hat darüber eine Predigt gehalten.

Alles wird anders, und auch ich, denkt das Mädchen. Bald bin ich nicht mehr so wie jetzt. Wie werde ich wohl später sein? Was werde ich dereinst denken? Ach, ich fürchte mich vor dem, was ich sein werde … Doch heute ist der Herrgottstag, der Tag jenes Gottes, der zu Brot ward und zu Wein, um uns zu retten. Heute trägt man ihn durch das ganze Dorf und über die Felder, damit er triumphiere. Darum liegt wohl auch der eigenartige Wohlgeruch von Espen und Tannen in der Luft. Der wahre Wald ist hoch über uns! Gestern sind sie hinauf, um Äste zu holen, die sie die Runsen hinabschleiften; einige waren vom Laub umhüllt wie jene Krieger, die wie Bäume aussehen, um den Feind zu täuschen. Sie haben sie den Gässchen entlang hingelegt, besonders viele vor Holzbeigen, Misthaufen und Stalltüren.

«Schlechte Bügelfalten! Schlechte Falten!», hat die Tante geschrien, die an diesem Morgen die Burschen inspiziert. Sie hat mit ihrer dürren Hand eines der blütenweißen Beinkleider gefasst (die wie die fünfzig übrigen aus jener Damastleinwand geschneidert sind, in der die Bettüberzüge in den Häusern der Talebene schwellen), und das Bügeleisen sperrt wieder sein Maul mit den zackigen Zähnen auf, um eine neue Ladung glühender Kohle zu schlucken. Ein warmer, erregender Geruch hat das Zimmer erfüllt. Das Mädchen im schon etwas engen Feiertagskleid sieht: Es ist gewachsen. Das altmodische weiße Kleid (es hat den wunderlichen Schnitt aus der Zeit der Jahrhundertwende) umschließt und formt es, und wieder drängt sich beharrlich ihr Leib ins Bewusstsein. Sie schließt die Augen, lauscht dem untergründigen Raunen des Blutes, jener Blume, die heute aus ihrem Schoß erblüht.

«Bereit?»

Alles ist bereit. Die Männer haben auf dem Dorfplatz bereits das große Karree gebildet, das Geviert der Herrgottsgrenadiere, ernst und schweigend, während die Trommel rollt. Der rasche Trommelwirbel, stetig pochend wie der Herzschlag, verkettet die beginnende Prozession aus Leuten, die heute sie selber und *andere* zugleich sind.

Die alte Tante, deren Arm noch vom Gewicht des Bügeleisens schmerzt, hat zwei kleine Kinder der Familie an der Hand genommen und ist in einer abschüssigen Gasse einigen Frauen in Schwarz nachgefolgt. Und gerade im Moment, als das Mädchen mit einer Kameradin eine der elf Bahren mit den Heiligenstatuen auf die rundlichen Schultern hob, fuhr der Jeep mit den Südländern in das Dorf ein.

Der Hagere ist ausgestiegen, die Lippen wieder blutleer, etwas gedehnt durch ein Lächeln. Kein Wort bringen seine Gefährten hervor, plötzlich ergriffen von der erwartungsvollen Stille, die der Pulsschlag der Trommel nur noch mehr unterstreicht. Er aber, der mit Gestalt und Gesicht die meisten an den Tod denken lässt, belächelt alles, was nicht lebend ist. Religion heißt Grab und Trauerflor; und selbst wenn sie sich mit Fröhlichkeit, Farbe und Musik darbietet, so gibt sie doch nur den Vorgeschmack der letzten Fahrt. Die Priester sind die Abgesandten des Todes, seine Knechte. Der junge Mann grüßt sie nicht; begegnet er einem, so dreht er sich weg und spuckt auf den Boden. Er will leben, er ist frohgemut, nicht bösartig. Er begnügt sich mit wenig, wie seine Mutter, eine Witwe, die im Taglohn bei einem Landbesitzer in der Ebene arbeitet. Heute sind die Meistersleute ausgefahren wie ihr Sohn – sie hat ihn noch mit fünfundvierzig geboren –, aber sie ist an der Arbeit; dort, wo hochstengeliger Klatschmohn die Kronblätter verliert, begießt und jätet sie den Garten, die gute Alte, die – wie sie sagt – an den Sonntagen und Festen nicht weiß, was anfangen.

Sie hat sich nicht im Städtchen die Prozession angeschaut. Aber jetzt hat sie die Blasmusik gehört, und die Musik, die allen andern der Welt gleicht, weckt in ihr die Erinnerung an ihre Heimat. Mit der Heimat ist auch die Jugendzeit wieder da. Und beim Zerdrücken der großen Blütenblätter, die weder für Gott noch den Teufel da sind, hat sie gespürt, dass ihr eine Träne über die zerfurchte Wange floss.

Ihr Sohn und seine vier Gefährten steigen die Treppengasse hinauf, hinter den alten Frauen mit dem großen Kopftuch aus weißer Wolle (auf dem Dreieck, das herabhängt, sind Nelken gestickt), und die Kinder an ihren Händen husten. Die Frauen sind stehengeblieben; die Burschen auch. Von hier aus, zwischen zwei Lauben mit hohen Holzbeigen, überblickt man den Platz. Die Soldaten haben sich in Reih und Glied aufgestellt, alle mit einem weißen Federbusch auf dem Tschako und einem roten Waffenrock. Zuerst sieht man vor allem die Federbüsche. Sie stehen stramm wie die wartenden Soldaten. Der Hagere, der zu witzeln anfangen wollte, schweigt: Abwartend erstarrt das Dorf, und auch er erstarrt und wundert sich. Noch hat ihn niemand gesehen. Alles schaut auf die Umzugsteilnehmer; sie nur vollziehen das Ritual, den althergebrachten, heiligen Brauch, der das ganze Dorf in majestätischer Würde erstrahlen lässt. Wer könnte sich darüber lustig machen? Nun erzittern die Federbüsche wie von einem Windstoß. Voran schreiten zwei Sappeure mit riesigen Pelzmützen aus schwarzem Schaffell, die Äxte geschultert, die Schurzfelle vorgebunden. Bedächtig, mit milder Bestimmtheit, marschieren sie in gemessenem Schritt. Die braunen Gesichter der beiden sind kraftvoll geschnitten, das eine wild, das andere eher schüchtern. Dann kommt ein Fähnrich mit purpurnem Zweispitz, dann die Trommler und Pfeifer, Männer und auch sechs Knaben, die grauen Filzhüte mit Kokarden geschmückt. Und oh, der Trupp der Herrgottsgrenadiere! Prachtvoll und stämmig wie ein Birkenhain am Berghang; er hat sich in Bewegung gesetzt, und Papierröschen und Maiglöckchen fliegen zu den Federbüschen empor.

«Aus welcher Zeit, diese Kostüme?», fragt flüsternd ein Besucher von auswärts.

«Das? Das sind so Sachen von Napoleon!»

Ein neuer Fahnenträger. Wie schön ist er, der Verlobte, mit den schlanken Hüften, in weißes Leder gegürtet, mit den hellblauen Augen. Fähnrich und Totenschädel schauen sich an. Zum ersten Mal heute. Der Walliser ist überrascht, der Italiener genießt den Schauder, den sein Anblick auslöst. Es ist nicht immer angenehm, den Leuten Furcht einzujagen, doch bei diesem Dümmling macht es Spaß, denkt er, und seine Lippen verziehen sich zu einem Grinsen. Seine Augen weiten sich, Pupille und Regenbogenhaut verschmelzen und werden in den Augenhöhlen zu dunklen Löchern.

«Gewiss, ich gleiche dem, den du meinst. Du glaubst dich lebendig und lebst doch weniger als ich, denn ich weiß Dinge zu schätzen, deren Wert du nicht kennst … wie alle andern Einfaltspinsel im Zug, die Militär spielen wollen!» Die folgenden Männer tragen nicht mehr den roten, sondern den feldgrauen Waffenrock, dazu aber weiße Hosen wie die Grenadiere und einen Federbusch auf dem Tschako von anno 1914. Die Marschmusik bewegt sie, verklärt sie.

Auch sie hört Musik, die verrunzelte Alte, die auf dem Gut in der Talebene den Garten ihrer Meistersleute begießt; sie hört die Dorfmusik ihrer Heimat im Süden und weint.

Nun bimmeln die Glöckchen der Chorknaben und künden den Traghimmel an, der den Herrn Pfarrer beschattet, in dessen Händen die Monstranz glänzt wie eine Sonne. Den Fuß des Allerheiligsten hat er in das Velum eingehüllt, als hätte er Angst, sich die Finger zu verbrennen. Die Leute am Wegrand, die Frauen mit den Kindern, sind alle niedergekniet. Auch die Fremden, nur der Hagere nicht, der gegen ein graues Holzhaus lehnt. Mit seinen großen Nasenlöchern schnuppert er verächtlich den dünnen Rauch aus den buntverglasten Laternen, die, getragen von vier Männern, an den Enden des Baldachins schaukeln. Solche Prozessionen hat er genug gesehen, als er noch Kind war, und er weiß, es ist ein Affentheater. Seht nur die Anführer und die Papstgardisten, ihre Hanswurstkostüme, gelb, rot und schwarz, ihre mächtigen Barette!

«Was für ein himmlischer Karneval», spottet ein Photograph neben ihm.

«Aber ja!», höhnt der Hagere.

Und er hat dem Photographen sein fahles Gesicht zugekehrt, doch der hat nicht Notiz genommen. So wendet er es der nächsten Umzugsgruppe zu. Nun sind die Mädchen an der Reihe. «Bella, bella», singen seine Gefährten leise, sie fühlen sich an die Heimat erinnert. Die Jungfrauen tragen, unter Girlandenbogen aus weißem Laub, andere Jungfrauen, geschmückt mit goldenen Ketten. Sie sind ernst und stark wie diejenigen, die man den Löwen zum Fraß vorwarf; ihre Wangen haben jene Rundung und das rosige Blut der zwanzig Lenze, ihr Mund zeigt nicht die Runzeln der Bitterkeit oder der Sinnenlust. Sie haben keine Runzeln.

Der Hagere betrachtet die Reihe der Bauernmädchen und die Blumenlauben mit den schwankenden Statuen: Sankt Theodul mit seiner Glocke, die heilige Katharina mit ihrem Rad, Antonius und seine Sau, Eulalia mit dem Schwert in der Brust, Luzia mit den Augen, die sie zwischen den Fingern hält wie eine Stielbrille. Und darunter geht das Mädchen. Langsam, geduldig. Die lebhaften Augen blicken glückselig geradeaus. Aber plötzlich zucken sie heftig. Wie ein Pfeil hat sie der Blick des Südländers getroffen, er dringt in die Brust ein wie sanftes Gift, noch eh sie die harten Backenknochen, die allzu fahle Stirn und den fast lippenlosen Mund sehen konnte. Vorbei. Er dreht sich ihr nach und folgt mit dem Blick dem Schleier, der aus dem Haarknoten über den Rücken fließt und anmutig über den Arm wogt. Doch das Bild entschwindet zwischen den Häusern, und nun kommen die kleinen Mädchen, die den großen gleichen und die gleichen Goldketten um den Hals tragen. Er sieht nichts mehr, weder die Kleinen noch die Frauen, die Mütter mit den krönenden Trachtenhüten, vornehm und tiefschwarz trotz der Blumenstickerei, den Spitzenmanschetten, dem Glanz des Stoffes. Er denkt: All die Frauen sind ein wandelnder Wald, der mir meinen Stern verdeckt; all das verkohlte Holz mag noch glänzen und einige Flämmchen nähren, aber es ist schon tot. Man sieht nicht einmal die Körperformen unter dem Panzer aus Tuch.

Und auf einmal hat er begriffen.

Er will sie wiedersehen. Er eilt durch die Gassen, er rennt. Man hat ihm gesagt, dass die Prozession weiter oben noch einmal vorbeiziehe, sich dann auf der andern Seite abwärts und über die Matten zum Schulhausplatz zurückbewegen werde, wo man die Messe singe.

Er lauert von neuem im Schatten eines Hauses. Er sieht sie wieder, die Krieger Gottes! Arme Soldaten, denkt er, sie glauben an einen obersten Chef, den es gar nicht gibt, und die Kanonen donnern umsonst … Doch er hat keine Lust mehr zum Spotten, er wartet mit wachsender Ungeduld, und vor Erregung hält er sich still. Er schaut, durstig, wie der Pelikan, der sich die Eingeweide zerreißt; er möchte aus den Holzkelchen trinken, die sich an den vier Ecken des Baldachins zum Himmel erheben. Endlich sieht er ihn wiederkommen, auf dunklem Grund bewegt sich ein Lichterbusch auf den Schultern der jungen Mädchen. *Er speiste sie mit den Früchten der Flur und ließ sie Honig schlürfen aus Felsen. Halleluja, halleluja.*

«Für die ist alles blutiger Ernst», sagt jemand.

Auch er hat nicht Lust zum Lachen. Er fühlt, wie ihm eine rosige Gipshand die Kehle zudrückt, eine jener Hände, die unter dem Laubbogen tanzen. Er kann nicht mehr. Er ist verwirrt von so viel Schönheit.

Noch immer schreitet sie im Halbdunkel, den ruhigen Blick geradeaus gerichtet, doch ihr ist, man hätte ihr etwas genommen, sie weiß nicht, was. Ein Stück von ihr selbst? Der Weg, den sie geht, wird bald enden: Er führt an den Abgrund. Und hinter ihr ersteht langsam wieder das Gesicht des Todes, das einen Moment lang für sie alle Hässlichkeit verlor.

Die Sonne ist stundenlang auf den Weilern geblieben, auf den Schieferdächern, die mit roten Flechten überwuchert sind, auf den Föhrenwäldchen und, weiter oben, auf den Wäldern und Alpweiden. Jetzt fühlt man, wie sie sich wegstiehlt. Das junge Mädchen bummelt mit seinen Gefährtinnen, vorerst durch das Dorf, in dem das grüne Laub an den Ästen rund um die Altäre schon verwelkt. Dann sind sie hinaufgestiegen zu den Juniwiesen.

Doch von unten hat man sie bemerkt.

Die Burschen sind ihnen nachgeklettert, die Stufen der Dorfgässchen hinauf und durch Abkürzungen über die Wiesen. Die Mädchen da oben wissen von nichts. Sie lachen und schwatzen. Margrit pflückt eine Margerite, Léontine kämmt sich das Haar, und Lucile träumt. «An dieser Stelle», flüstert sie, «war letztes Jahr nach dem Herrgottstag das Gras zusammengedrückt, da war ein Pärchen drin gelegen.»

«Gewiss die Madeleine ...»

«Vielleicht war es auch ein verheiratetes Paar.»

In der Christenlehre hatte man ihnen beigebracht, dass solche Dinge in der Ehe erlaubt sind, *sofern man nichts tut, um das Kinderkriegen zu verhindern.* Lucile ist gewiss einverstanden, zehn Kinder zu haben wie die Mutter. Und doch ... Heutzutage haben sie weniger. Viel weniger. Alle. Und sie sagen, es sei so besser und man solle ihnen nicht mehr Geschichten erzählen ... Sie sagen auch, wenn die Kinder einmal da sind, hat man so viele Sorgen, so viel Arbeit, dass man keine Zeit mehr habe, an die Liebe zu denken ... Aber sie tun es trotzdem und immer wieder.

Wieder verspürt sie die drängende Sehnsucht, die sie seit frühmorgens verwirrt. Sie denkt an ihren Verlobten. Warum sind sie nicht da, mit uns, die Burschen, die durch das Dorf lärmten, so stolz über die roten Waffenröcke? Aber heute ist Männertag. Sie sind im Gemeindehaus vereint, reden miteinander, trinken zahllose Gläser vom bernsteinfarbenen Wein, der ölig über die Zunge fließt, und schneiden den luftgetrockneten Schinken ab; sie schlagen mit dem Säbel tiefe Kerben und kümmern sich nicht mehr um die Frauen und noch weniger um die Mädchen. Zeitweise steigt ihr Geschrei mit den Jauchzern bis zu uns herauf. Ich möchte ihn lieben, meinen Verlobten. Mein ganzes Leben lang möchte ich mit ihm sein ... ich bin einverstanden mit vielen Kindern, wenn er mich richtig liebt.

Und plötzlich standen sie da, die fünf Südländer, sie hielten sich an den Händen, um ihnen den Weg zu versperren. Sie lachten und sagten: «Darf man mit euch ein wenig spazieren?»

Sie haben den Kopf geschüttelt: nein. Dann hat der mit dem allzu bleichen Gesicht den andern etwas zugeflüstert und ein Zeichen gegeben: die fünf Finger seiner Hand gespreizt, dann plötzlich zur Faust geschlossen; die knochigen Glieder haben geknackt. Sie haben getan, als ob sie gehen wollten, aber sie wenden den Blick aufwärts. Die Mädchen haben den Wald erreicht, sie sind darin verschwunden ...

«Ihnen nach, schnell!»

Sie gehen den kürzesten Weg, den Hang hinauf, manchmal auf allen vieren. Sie haben die flinke Anmut der Kletterer, nicht jener an den Felswänden, sondern der Kletterer auf Baugerüsten, und auch sie kennen kein Schwindelgefühl, besonders nicht auf der Jagd nach hübschen Mädchen, nach närrischen Schönen wie diesen da. Der Hagere hat gesagt: «Ich will die Blonde mit den braunen Augen, die große, die ist wie gegossen. Und voller Kraft.»

Die Mädchen schlendern durch den Wald. Sie glauben sich allein. Die Lärchen haben ihre neuen Nadeln aus zartem Grün. Der Wald riecht gut wie die laubgeschmückten Altäre …

Unten in der Talebene hat die runzelige Alte, die im Garten der Reichen arbeitet, wieder zu schluchzen begonnen.

Nun sind sie wieder im Wald, die fremden Burschen. Und gewiss: Sie wollen ihnen nicht wehtun, *sie wollen ihnen eher wohltun*. Jeder hat eine um die Hüften gefasst. Sie haben geschrien, sie wehren sich, und schon sind drei entwischt, und dann auch die vierte. Aber eine bleibt zurück. Sie hat Angst. Sie hat so sehr Angst, dass sie sich nicht mehr rühren kann. Nie ist sie so verlassen gewesen auf der Welt. Der Vater? Die Brüder? Und ihr Verlobter? Auch wenn sie da wären, könnten sie sie verteidigen? Sie sind heute verliebt in den Wein. Und rund um Lucile sind fünf Männer, fünf kleine Männer des Südens. «Vor dir bin ich niedergekniet, nur vor dir!» Der Hagere hat wieder ein Zeichen gegeben.

Nun ist er allein mit ihr auf dem Waldweg. Er zündet eine Zigarette an. Sie sieht ganz nah die schwarzen Augen, die sie fest anschauen, die tiefen Augenhöhlen, sie schlägt mit den Fäusten zu. Unter dem Hagel hat das harte Gesicht nicht gezuckt. Sie schauen sich immer noch an, etwas Schweiß auf der Stirne. Doch welches der beiden bezaubert das andere? Er hat gesagt: «Nie gesehen schönes Mädchen, stark wie Sie.»

Sie schüttelt den Kopf, sie möchte sprechen, aber aus ihrem halbgeöffneten Mund kommt kein Ton. Seine Lippen entblößten das Zahnfleisch. Sie hat einige Schritte vorwärts gemacht und sich wieder umgedreht. Dann ist sie davongelaufen, gelaufen auf dem Pfad mit den braunen Tannennadeln. Er folgt ihr gemächlich mit Abstand, ohne sie aus den Augen zu verlieren. Er hat keine Eile, er weiß, dass er Zeit hat und dass Ungeduld nichts nützt, dass alles kommt, wie es kommen muss. «Ich habe das Leben», flüstert er, «das ganze Leben vor mir.» Und er lässt sie nicht aus den Augen.

Und sie? Nun läuft sie weniger schnell. Sie kann nicht hinauf und nicht hinunter, und sie weiß, dass der Pfad, der ebenerdig durch den steilen Wald führt, bald einmal endet, wie vom Nichts verschlungen. Der Berg ist vor langer Zeit eingestürzt. Aber er weiß nichts davon und folgt dem Mädchen weiter. Er sieht, dass sie sich am Wegrand gesetzt hat. Und dass sie nicht in seine Richtung schaut. Was sieht sie?

Er hat sich leise, ganz leise genähert. «Ich habe das ganze Leben vor mir ...» Auf den Lärchennadeln sind die Schritte kaum hörbar. «Ich habe das ganze Leben ...» Er hält den Atem an, seine Nasenflügel blähen sich. «Ich habe das ganze ...» Sie hat ihm den Kopf zugedreht, sie sieht ihn kommen. Und sie hat ein seltsames Lächeln.

Café des Voyageurs

Ein ungestümer Osterwind wehte durch das Rhonetal: der Föhn! Was er in seine Pranken bekam, schüttelte er durcheinander; er mischte den Rauch der Heckenfeuer in die Staubwolken und ihre Glutfunken in die Pfirsichblüten, die von den Spalierbäumen an der Mauer wirbelten.

Ein junger Mann ging auf der Straße, an der hie und da eine Pappel stand: die letzten Überlebenden einer prachtvollen Allee, die gefällt worden war (nicht vom Wind, sondern von den Menschen), nachdem sie ein Jahrhundert lang den Reisenden Schatten und ihr Orgelrauschen gespendet hatte. Germain war aus dem Zug beim vorletzten Halt ausgestiegen, da er zu Fuß in der Stadt seiner Kindheit ankommen wollte. «Ich bin gewiss früh genug zu Hause. Und auf dem Weg dahin genieße ich die Luft, die gute Luft der Heimat, die keiner andern gleicht und die mir so fehlt in der Studienzeit ...» Da sah er eine Droschke auf sich zukommen. Auf einer Straße, auf der nur noch Autos, Busse und Camions verkehren, war ein Gefährt dieser Art ein überraschender Anblick.

Die Droschke näherte sich langsam, fast zögernd, und Germain gewahrte, dass der Kutscher schlief. Er rief ihm laut zu. Der vornübergebeugte Mann fuhr auf, und sein Oberkörper hob sich über den Kutschbock. Als Germain sein weinrotes Gesicht mit dem groben Ausdruck sah, machte er sich auf einen Schwall von Flüchen gefasst. Doch es kam anders.

«Verzeihung, Monsieur, steigen Sie bitte ein, Monsieur…»

Und als er, verwundert über die Einladung, auf der Straße blieb, hörte er den Mann demutsvoll vor sich hin brummen: «Steigen Sie doch bitte ein, Monsieur, der Platz ist für Sie.»

Man hielt ihn für einen andern.

«Ich glaube, Sie irren sich …»

«Nein, Monsieur, ich irre mich nie. Sie oder ein anderer, für uns ist es einerlei.»

«Wohin fahren Sie?», fragte Germain, immer mehr verblüfft.

«Dorthin, wohin wir müssen», knurrte der Mann, plötzlich schlechtgelaunt.

«Aha, aber … ich wollte nach Sitten, und Sie, Sie fahren in die andere Richtung.»

Der Kutscher verstand nicht oder wollte nicht verstehen. «Nehmen Sie endlich Platz, sonst kommen wir zu spät.» Germain stieg auf den Tritt, und unter seinem Gewicht quietschte das Fuhrwerk. Der seltsame Kutscher warf ihm eine Decke zu, ohne ihn anzusehen. Der Droschke entströmte ein säuerlicher Duft von Wein und altem, rissigem Leder.

«Er ist kanonenvoll», sagte sich Germain, als er sah, wie er auf seinem Bocksitz wild um sich schlug und die Peitsche auf das Pferd sausen ließ. Aber der Jähzorn schien den armseligen Klepper nicht zu stören; er wankte gemächlich weiter. Der Kutscher drehte sich nach dem Studenten um:

«Sie werden es nicht bereuen, dass Sie mitgekommen sind. Madame Victoire will, dass man Sie verwöhnt. Für ihre eigenen Gäste hat sie nie so viel Umstände gemacht!» Er hob sich scharf ab vom grauen Himmel und sprach nun voll diensteifriger Würde. Der Wind mied ihn, wagte ihn nicht zu berühren; er verfing sich im Wagenverdeck und blähte es auf. Die Droschke schlug einen Seitenweg ein, der zur Rhone führte. Inmitten von Wiesen, in denen Korbweiden wuchsen, schmiegte sich ein Weiler zwischen zwei Hügel.

Sie hielten vor einem Haus, dessen Fassade eine Aufschrift aus verwaschenen braunen Lettern trug: *Café des Voyageurs.*

«Gut», dachte Germain, «hier nimmt das Abenteuer ein Ende. Ich werde nicht mehr den spielen, für den man mich hält. Dann kann ich zurück auf die Landstraße und komme noch zeitig in Sitten an.» Er sprang vom Wagen. Doch der Mann drängte ihn in einen verlotterten Hausgang, und er stand vor einer alten Frau, die ausrief: «Endlich bist du da!»

Sie verschlang ihn fast mit den Augen, hüstelte und sagte mit selbstverständlicher Miene:

«Ich habe dich erwartet.»

Der junge Mann, obwohl etwas verlegen, blieb zurückhaltend.

«Robert, führe ihn in den kleinen Salon hinauf.»

Der kleine Salon war ein scheußliches Kämmerchen, der blutrote Fußboden voll Schmutz und öliger Wichse, mit einem runden Tisch, einem alten Klavier, von dem die Troddeln einer Häkeldecke herabhingen, einem abgenutzten Fauteuil und einigen Stühlen.

Germain, in die Falle gegangen, blieb stehen und schaute durch das Fenster, als ob er einen Ausweg suchte. Durch den Vorhang sah er einige Scheunendächer und den goldenen Hang der Hügel. Der muffige Geruch im Zimmer war so unerträglich, dass er sich bedauernd nach dem warmen Hauch des Föhns zurücksehnte.

Er stürzte zur Tür. Aber der Kutscher, nun zum Kellner geworden, trat ein und versperrte ihm den Weg mit einem breiten Tablett, auf dem eine Flasche und zwei Gläser standen. Dann schloss er hinter sich die Tür mit aller Sorgfalt, ging zum Tisch und stellte die Last ab.

«Es ist Ihnen recht so, nicht wahr, Monsieur?»

Er stieß den Fauteuil zum Tisch, Germain gegenüber, und zog sich zurück.

Der junge Mann, der glaubte, dass er mit diesem Kerl oder mit der alten Dame anstoßen müsse, war über sich selbst erbost, dass er das alles mit sich machen ließ. «Aber ums Himmels willen, für wen halten die mich?» Der Kutscher kam wieder, er hatte das Tischtuch vergessen; mit einer komischen Dienstbeflissenheit nahm er das Tablett, stellte es auf einen Stuhl, breitete ein weißes Tischtuch aus und stellte das Tablett zurück. Er legte noch zwei Teller und Besteck dazu.

«Sie wird sich bald einfinden», sagte er geziert, ohne den jungen Mann anzuschauen, wie wenn er verstanden hätte, dass seine Worte besonders taktvoll wirken müssten. «Diesmal», dachte Germain erstaunt und voll Neugier, «könnte man schwören, es komme zu einem galanten Rendezvous.» Doch bevor er sich richtig darauf freuen konnte, kam schon die alte Dame. «Also sie», dachte er enttäuscht. Aber sie setzte sich nicht in den Fauteuil, sondern nahm bescheiden auf einem Stuhl Platz. «Bist du gereist? Gewiss sehr müde?»

«Hm … nein», antwortete er.

«Das muss eine Umstellung sein, wenn du hier bist?»

«Das allerdings.»

Germain sah nach und nach in ihr jemand anderes, eine viel jüngere Frau unter den Zügen der Greisin. Die Runzeln schienen falsch, die grauen Haare auch. Schön an ihr und echt war der Blick. Die Augen weiteten sich, je länger er sie betrachtete, und sie wurden sanft und glänzend. Der Mund ebenfalls; er hing nicht mehr bitter herab wie in den ersten Augenblicken, die geröteten Lippen lächelten. «Ich vergehe vor Sehnsucht und fühle mich so einsam», sagte sie noch. «Aber du hattest so große Lust zum Studieren ...»

Wenn man mich für einen Studenten hält, so ist man nicht so weit daneben! Er fühlte sich etwas erleichtert. Der Kutscher kam mit einer Platte Trockenfleisch und Brot. Respektvoll füllte er die beiden Gläser und zog sich wortlos zurück.

«Das muss dort ein ganz anderes Leben sein als hier!», sagte die Frau.

«Vielleicht weniger, als man glaubt», sagte er aufs Geratewohl.

Er aß mit großem Appetit. Die Reise und die wunderlichen Geschehnisse hatten ihn hungrig gemacht. Aber nur er aß.

«Haben Sie keinen Hunger?», fragte er.

Er bekam keine Antwort. Zuerst hatte er es gar nicht bemerkt, dann aber sah er, dass sie näher gerückt war und dass ihre Hand, ihre alte Hand, die viel älter war als Augen und Mund und bedeckt war mit roten Flecken, die Hand mit verkrümmten Fingern und schlaffer Haut, sich langsam auf die seine zubewegte. Sie hatte ihr eigenes Leben wie ein Tierchen. Er bekam Angst und wollte seine Hand unter dem Tisch verstecken. Zu spät! Das Tier hatte sein Gelenk gepackt und klammerte sich fest. So stark, dass Germain schrie. Er erkannte das Gesicht der Frau nicht mehr. Die aufgerissenen Augen blickten verstört, der Mund zuckte und murmelte unverständliche Worte.

Aber der Kutscher kam. Er nahm die Alte an beiden Händen und zog sie sanft aus dem Zimmer. Sie ließ ihn gewähren, fügsam, ergeben.

Als er zurückkam, stand Germain totenblass da. Er hatte verstanden.

«Ist sie irrsinnig?»

«Ach, wenn Sie wüssten! Doch dies ist das erste Mal, dass sie das macht. Das erste Mal! Warum?»

Er musterte Germain erbost.

«Vielleicht», fügte er bei, «weil Sie ihm allzu sehr gleichen.»

«Wem? Wem gleiche ich?», brüllte Germain.

«Ihrem Sohn. Jetzt kann ich es Ihnen ja sagen. Er starb vor zwanzig Jahren am Ostertag! Als er aus dem Zug stieg … Der Zug rollte über ihn hinweg. Er war im Studium. Er kam in die Ferien. Es war wie heute.»

«Schrecklich …»

«Ich holte ihn immer am Bahnhof ab … Der Föhn blies, und Sie gleichen ihm, ach, wie Sie ihm gleichen!»

«Aber weshalb, weshalb haben Sie mich mitgenommen?»

«Sie hatte nie an seinen Tod glauben wollen. Sie hieß mich, ihn mit der Kutsche abzuholen … Jedes Jahr habe ich jemand von der Straße geholt. Wenn möglich jung, ein gepflegter Herr oder sonst den Erstbesten. Madame Victoire blieb immer ruhig und schaute ihn an. Dann ging er wieder, ein Unbekannter, wie er gekommen war.»

Er wies dem jungen Mann die Tür: «Doch Sie haben ihn

wieder auferstehen lassen! Viel zu sehr. Sogar mir schien es die ganze Zeit so, als sei er es. Adieu.»

«Adieu», sagte Germain.

Und der Ostwind nahm ihn wieder in seine kräftige Hand.

Mein Wald, mein Strom

17. August

Ich habe den Wald leidenschaftlich gern, ich bin verliebt in den Wald wie in den Fluss, mit heftiger, törichter Glut – denn was kümmert es Wald und Fluss, ob ich sie liebe? Ein Weidenzweig, der mit der Strömung schwingt, eine Föhre, die sich zum Himmel reckt, sie versetzen mich in eine schwärmerische Stimmung, und ich begreife, dass einst die Leute Bäume und Gewässer vergötterten. Aber sie verehrten alles, die Sonne, die Steine. Vielleicht fühlten sie einfach wie ich. Sie mussten diese unendliche Wonne empfinden, dieselbe Zuneigung, alles, was ich in den Wäldern und am Ufer der Rhone verspüre.

18. August

Heute Morgen, nach einer Regennacht, atmete ich den Duft des Waldes. Da und dort riecht es jetzt nach nassem Heu, und im Dickicht überrascht mich der Wohlgeruch von Baumrinden und Pflanzen.

Ich habe einen großen braunen Falter gesehen, mit zwei blauen Möndchen auf den Vorderflügeln. Nachher habe ich in meinem Buch nachgeschaut, es ist ein Dukatenfalter.

25. August

Die Tage sind heiß und die Nächte kühl. Frühmorgens braucht der taunasse Wald etwas Zeit, bis ihn die ersten Sonnenstrahlen getrocknet haben. Ein leichter Dampf steigt in die Föhren.

Ich bin zu den Weihern gegangen, eine Stunde von hier, durch die Wiesen und Erlengehölze, wo ein breiter grauer Bach mit feinem Schlamm still dahinfließt. Dort ist alles voll von wilden Brombeeren, Dorngestrüpp und Fallholz, das unter den Füßen knackt. Es ist dunkel und feucht. Dann bin ich durch ein sonnenüberflutetes Gebiet gekommen, den Rottensand, nicht Wald, sondern ein alter Flusslauf der Rhone, die hier Rotten heißt. Föhren und Wacholder wachsen auf den weiten Flächen aus Geröll und rötlichen Flechten. Die Soldaten haben lange Pisten für ihre Panzerwagen angelegt, aber sie haben die Gegend wieder verlassen: der Flusssand, vor allem aus Quarz, zerstörte die Maschinen. So bleiben nur die Pisten, die ich mit meinem Pferd benutze, um in die Weite zu jagen, wo die blonden Schöpfe aus Steppengras wogen.

Heute zirpten die Singzikaden. Oh, es waren nur zwei oder drei. Die erste war in einem Pappelgehölz. Ich habe sie zu entdecken versucht und habe lange gelauert, den Kopf zu den Zweigen erhoben. Sie schien mir so nahe, aber ich habe sie nicht gesehen. Lin sagt mir, sie seien kleiner als in Südfrankreich und sängen nur in ganz heißen Sommern.

Von neuem bin ich in das wässrig-kühle Licht zwischen den dünnen Stämmchen und den faulen Wurzeln der Erlen eingetaucht. Die Spinnweben umwickelten mich und klebten mir auf der Zunge. Ich lenkte meinen Hengst in ein Schilfdickicht, das er mit seiner breiten Brust wie ein Schiffsbug durchschnitt. Doch plötzlich bäumte er sich vor einem grünen, undurchsichtigen Wasserlauf, dem Gutshofkanal. Ich folgte ihm und drang durch das Gebüsch. Auf Brettterstegen überquerten wir zwei Flüsschen, das eine klar, das andere tiefdunkel: Warum die Gewässer, die schließlich in den Kanal einmünden, so verschieden sind, bleibt mir ein Rätsel. Der Übergang führte in einen Sumpfpfad, wo mein Pferd zuweilen bis zu den Schenkeln einsank. Auch ich verlor den Grund unter meinen Füßen.

Endlich die Weiher! Ich schaute den Schleien zu. Die lichtscheuen Fische flohen die Sonne und schwammen uns entgegen. Ich bewunderte die graugoldenen Streifen auf dem durchscheinenden Leib, das Schwingen der orangeglänzenden Flossen. Es waren vier dicke Exemplare. Der größte Teil des Teiches lag schon im Schatten, das Wasser war eiskalt. Ich spürte es beim Schwimmen. Die Libellen über mir schwebten bis hinauf in die Föhrenwipfel.

Auf dem Heimweg, gegen sechs Uhr abends, überraschte mich der Wohlgeruch im Rottensand. Eigenartig, zart, weniger harzig als im Wald, ein Duft von heißem Geröll, Gräsern, Binsen, fast ein Blütenduft.

26. *August*

Ich bewohne mit meiner Mutter den Nordostflügel eines Schlösschens französischen Stils aus dem 18. Jahrhundert, in einem Gebiet, in dem man ein altertümliches Nibelungendeutsch mit rauen Rachenlauten spricht. Ein hübsches Schloss, anmutig und unscheinbar, grau wie die vielen Felsblöcke auf dem mageren Boden. Mein Vater, ein Winkeladvokat, hatte zittrige Hände, er war demütig in der Messe und selbstsicher auf der Jagd (dann zitterte er nicht). Zum 15. Geburtstag bat ich ihn um ein Pferd, und obschon er sich weder einen Mercedes noch ein Dienstmädchen leisten konnte und seine eigenen Pferde längst verscharrt hatte, antwortete er mit ja. «Doch du musst selber für es sorgen!»

Das war vor zwei Jahren. Mein Vater ist nun tot. Ich habe aus dem verwahrlosten Stall das faule Heu und allerhand Gerümpel ausgeräumt und darin einen schönen Fuchs untergestellt, ein arabisches Halbblut, das ich jeden Tag striegle und reite. Sein Fell ist so glänzend, dass ich ihn *Brillant* getauft habe.

Man hat es nicht leicht als einzige Tochter, mit zwei Sprachen (Französisch bei Tisch, Deutsch im Stall) und einer lückenhaften Bildung, ohne Freunde, denn die Leute von hier finden – ach! – an anderem Gefallen als ich. (Eine Ausnahme ist Lin, mein Cousin im großen Südwestflügel.)

Ja, es ist schwer, ein Mädchen zu sein, arm zu sein, allein zu sein.

Mit meiner Mutter komme ich nicht gut aus. Mir scheint, sie hat mich nie gern gehabt. (Vielleicht täusche ich mich, und es wäre mir recht.) Ich glaube, sie wünschte einen Sohn. Zu den frühesten Erinnerungen gehören Scherengeräusche und die dumpfen Geräusche von Öl und schwerem Wollstoff. Meine Mutter war Herrenschneiderin. Sie beherrschte ihre Arbeit und hatte vier Näherinnen angestellt. In den ersten Ehejahren hatte sie ihr Geschäft noch nicht aufgeben können, und so verbrachte sie die meiste Zeit in dem niedrigen, schwülen Raum mit den surrenden Nähmaschinen. Ich war ein, zwei Jahre alt, im Alter vor der bewussten Erinnerung. Damit mir nichts zustieß, hängte man mich an einen dicken Nagel an der Wand, wie einen Wäschesack oder einen Hampelmann. Ich war beides. Ich spreizte die Arme, schloss sie, lachte, weinte. Manchmal holte man mich vom Nagel. Als Anwaltsgattin hielt es meine Mutter für richtig, die Näherei nach und nach aufzugeben, und als sie wieder damit beginnen wollte, weil ihr Mann zu wenig verdiente, war es zu spät dazu. Inzwischen hatten die Männer der Gegend auf Konfektionskleidung umgestellt. Sie begann, ohne Näherinnen, Damenkleider zu schneidern, doch die Kleider waren von klotzigem Schnitt, und sie erregte Anstoß mit ihrer Überheblichkeit. Ärmste Mutter! Die Frau aus wohlhabendem Haus lebt nun wie eine heruntergekommene Adlige …

Meinen Vater hatte ich gern. Von ihm habe ich die leinblauen Augen, doch die Kraft erbte ich von der Mutter. Er war immer gut zu mir, er erklärte mir, woher das Adelsprädikat vor unserm Namen stammt. Der Adel geht auf Ludwig XV. zurück. Der liebste meiner Ahnen war jener Hauptmann der Schweizergarde, der sich für den König umbringen ließ. Wir haben ein Bild von ihm, er hält ein Herz in den Händen. Als ich klein war, nannte ich ihn den «roten Opa». Vater erzählte mir noch viele Abenteuer und Kriegstaten, die ich gerne behalten möchte. Aber Geschichte ist nicht meine Stärke. Von Vater sehe ich in der Erinnerung außer den blauen Augen vor allem die Hand. Vielleicht, weil sie zitterte. Als Kind hielt ich während der Messe meine Wange ganz dicht an sie und spürte das Beben, aber meine Augen blickten auf die hölzerne Hand, die ein Kruzifix aus der Kanzel streckte und nicht zitterte. Sie lebt nicht, sie lebt nicht …, dachte ich, bis ich eines Tages die Hand mit dem Kruzifix wirklich zittern sah. Während der ganzen Messe traute ich sie nicht mehr anzuschauen. Und nun ist mein Vater tot.

Seine Verwandtschaft hat ihm nie geholfen: Die Ehe mit Mutter war für sie eine Mésalliance. Angehörige von Adelsfamilien heiraten hier unter sich. Seine Brüder waren hartherzig und zwangen ihn, ihnen seine Güter für einen Pappenstiel zu verkaufen. Deshalb bewohnen wir auch den finstersten Flügel des Schlosses. Meine Vettern haben Gartenterrassen mit Buchshecken, auf denen Rosen und Zitronen blühen. Sie schauen auf uns herab, ausgenommen Lin, der jüngste, der sanft und klug ist.

Meine Cousine soll demnächst einen Grafen heiraten. Die Jungen studieren in der Fremde; kommen sie in den Ferien zurück, so prahlen sie auf den Gartenschaukeln mit roten Kissen oder rasen mit ihren Rennwagen davon. Ich beneide sie nur um die Aussicht aus ihren Fenstern. Unser Flecken liegt am Berghang und beherrscht die ganze Ebene der oberen Rhone. Doch dieselbe Aussicht kann auch ich morgens und abends genießen, wenn ich mich im Stall wie eine Zirkusreiterin auf Brillants Rücken stelle, und dann schicke ich meinem Wald und meinem Strom jeweils eine Kusshand zu.

27. August

Ich bin zurückgekehrt zu meinem Teich. Immer noch ist es heiß, auch wenn das Licht bereits den Herbst erahnen lässt. Auf dem Heimweg, im Dickicht aus Schilf und Weiden, haben mir die Mücken die nackten Beine zerstochen. (Im Sommer reite ich in Shorts; sonst in groben Leinenhosen, die ich lieber trage als Reithosen.) Als ich zur Schneise kam, die beim großen Leitungsmast beginnt, wollte ich über den neuen Damm zurückkehren, der vor einem Jahrzehnt erbaut worden war: Er ist schon überwuchert von Zwergföhren und andern Pflanzen, die aus dem weißen Schotter sprießen. An beiden Enden sind mächtige Felsbrocken aufgeschichtet. Nur mit Widersträuben stieg Brillant hinauf; zuerst wollte er nicht. Zum Glück sah ich nahe bei der Birkenallee eine sandige Böschung, die sachte zum Damm hinaufführt. Der fast baumhohe Sanddorn trägt nun orangefarbene Beeren; nur einige Sträucher sind ohne Frucht, ich weiß nicht, warum.

Ich bemerkte die Stümpfe gefällter Pappeln (ja, ich erinnere mich an die gewaltigen Laubkronen, die früher in der Sonne glänzten). Man hat sie unbarmherzig gefällt, und übriggeblieben sind nur die Strünke, die ihre erdigen Wurzeln in die Luft strecken. Sie liegen dicht aneinandergereiht da und dienen als Wehr gegen die Wasser, die dieses Jahr ohnehin nicht über die Ufer getreten wären: Der Winter hatte wenig Schnee. Die Rhone rauscht weniger laut, was ich bedaure, denn ich liebte es, ihr von meinem Zimmer aus nächtelang zu lauschen. Ich witterte einen Geruch, der mich zunächst ans Meer erinnerte, der aber, immer ätzender und unangenehmer, von einem Abfallhaufen des großen Gutshofs herstammte. Wenn ich den Weg über den Gutshof meide, den besseren, der den Wald mitten durchschneidet, so darum, weil der Hof früher meinem Großvater gehört hatte. Jetzt gehört er dem Zürcher Warenhaus Bomboli, und sie haben am Eingang dessen Markenschild angebracht! Er ist dreimal größer geworden. Man sah vom Städtchen aus, wie die Rodung vorrückte, und ich fragte mich, ob uns noch ein Stück Wald erhalten bleibe ... Die Nordgrenze des Hofs führt durch das schattige Dickicht, das, wie ich erzählt habe, den Rottensand einfasst. Ich möchte gar nicht in die Domäne eindringen, die für uns ohnehin verboten ist. Sie haben auch bissige Hunde, die Brillant erschrecken könnten. Und dazu stimmt es mich erst noch etwas traurig, dass das alles nicht mehr uns gehört.

Hohe braune Schmetterlingsblütler wuchsen auf dem Damm, unterbrochen nur von zwei Wagengeleisen, und ich gelangte in das weite Feld, das ich die Steppe nenne. Dort hatte es frische Spuren von Pferdehufen, und ich sagte zu Brillant: «Hier ritten einst nur mein Großvater, mein Vater und dessen Brüder. Ich wahre die Tradition, aber du siehst, wir sind nicht mehr allein.»

28. August

Heute habe ich etwas Wichtiges in mein geheimes Tagebuch einzutragen. Zunächst meinen Geburtstag: Ich habe das sechzehnte Altersjahr beendet und trete ins siebzehnte ein.

Bald zwanzig! «Die schönste Zeit im Leben!», seufzen die Damen meiner Bekanntschaft. Ich finde es dumm, so zu reden, denn gerade in diesem Alter hat man die größten Sorgen. Man muss sich entscheiden. Und wenn man sich falsch entscheidet?

Aber mit zwanzig werde ich nicht mehr in diesem Städtchen bei der Mutter sein. Ich will ein neues Leben beginnen, weit weg von hier. Und trotzdem: meinen Wald und meinen Fluss kann ich wohl nie ganz verlassen. Ich habe noch nicht zu erzählen gewagt, was mir widerfahren ist. Ich muss etwas Mut fassen … Seltsam.

Das also wäre mein Jetzt. Ich will offen sein. Nie hätte ich gedacht, dass das so bald kommen würde. Einfach so, auf einen Schlag. Und dann so heftig, dass es mir, ja … grad den Atem verschlägt. Ich muss zeitweise mit Schreiben innehalten, das Herz pocht mir bis zuoberst in den Kopf. Und ich zittere sogar.

Nein, nie hätte ich geglaubt, dass ich unversehens und in diesem Maße überrascht würde. Immer hatte ich mir vorgestellt, die Liebe überfalle nur jene, die dazu Lust hätten und immer daran dächten. Ich wollte von Liebe nie etwas wissen.

Ich war zu meinem Lieblingsweiher zurückgekehrt. Eigentlich wäre der Zugang für jeden verboten, ausgenommen die Leute vom großen Gutshof. Sie haben einen Steg und zwei Holzkabinen erbaut und eine Tafel aufgestellt: *Baden und Fischen verboten.* Aber zu gewissen Zeiten, das weiß ich, ist niemand da. An manchen Tagen sind sie viel zu sehr damit beschäftigt, mit ihren roten Traktoren das Heu einzufahren und so weiter.

Also, ich kleide mich hinter einem Hügel aus, binde Brillant an eine Föhre, und dann schleiche ich leise zu meinem Badeplatz. Es ist der tiefste Weiher, auch der sauberste. Er ist nahezu rund und golden grün; die Schilfrohre haben neckische braune Blütenrispen. Im Westen wogen die Waldhügel moosigschwarz unter einem Himmel, der sich gegen Abend immer mehr aufhellt. Wie an andern Nachmittagen habe ich mich im Badekleid auf den Steg gelegt und den Fischen zugeschaut. Da war einer, der unter dem Wasser dem Flug einer Libelle folgte, bereit zum Sprung, falls sie sich nähern würde. Das brachte mich zum Lachen. Durch die Algen flitzten winzige Gründlinge, rot und schwarzblau gefleckt. Plötzlich hörte ich jemanden kommen, ich rührte mich nicht. Ein junger Mann in Jeans, mit grauem Leibchen. Zunächst glaubte ich, es sei einer vom großen Hof; da er aber nichts sagte, fragte ich mich, ob er wohl von einem Zeltplatz komme. Er schaute mich an. Ich beobachtete unerschütterlich die Fische, aber ich fühlte seinen Blick auf mir, und ich konnte fast nicht mehr atmen. Er setzte sich und ließ mich nicht aus den Augen. So entschloss ich mich zu tauchen und schwamm auf die andere Seite des Weihers. Im Schatten war das Wasser so kalt, dass ich bald zurückschwamm. Ich kletterte die Holzstufen zum Steg hinauf; sie sind etwas geneigt und glitschig unter dem Wasser. Bald wäre ich ausgerutscht und hätte mich verletzt; zum Glück konnte ich mich noch rechtzeitig festhalten.

Er saß noch immer da, schaute aber nicht mehr zu mir. Ich sah, dass er ein Buch in der Hand hielt und las. Das verwunderte mich … Ich legte mich wieder bäuchlings auf den Steg und spürte mit Wohlbehagen die Sonne auf meinem Rücken. Ich kümmerte mich nicht mehr um den jungen Mann. Ich legte den Kopf auf die angewinkelten Arme und guckte durch die Brettzwischenräume nach den Fischen. Ein buntgescheckter Frosch hüpfte ins Wasser, eine Ente glitt in den dunkelsten Winkel des Teichs. Die Zeit verrann. Als ich meinen Kopf hob, war der junge Mann nicht mehr da. Vielleicht hält er sich irgendwo versteckt und belauert mich … Jungen kann man nie recht trauen.

Aber ich war weder verärgert noch verwirrt. Ich war entspannt, träge vor Wohlsein und Glück. Im Wald bin ich immer glücklich. Und nun kam es zu einer seltsamen Wandlung. Ich wurde jemand anders, ich verdoppelte mich, ja, mein gewohntes Ich schlief ein (ich schlief aber nicht), während aus ihm ein zweites Wesen geboren wurde, das immer noch ich war, aber als kleines Mädchen. Ich war acht.

Ein Märzmorgen. Rot waren die Weidenzweige, und wir waren übermütig … Ich lief. Es war kalt. Vor Stunden hatte ich Mutter und ihre Nähmaschinen verlassen, und auch die ungeliebte Schule! Zusammen mit andern Mädchen und Knaben. Schon bedeckten sich unsere Schuhe mit weißem Staub. Wir stiegen hinunter zur Rhone und folgten dem Weg am Fuße der Felsen. Im Fluss war das Wasser klar und durchsichtig. Lange waren wir gegangen, ein größerer Knabe führte uns an. «Bringst du uns ins Gelobte Land?», fragten wir.

«O ja. Ihr werdet staunen.»

«Wie kannst du es wissen?»

«Man hat mir's erzählt.»

«Aber was ist es?»

Er wollte nichts verraten.

Und so gingen wir weiter, ohne zu eilen, unter der Märzensonne, die nach einem strengen Winter schon recht warm schien. Wir hatten unsere Pullover ausgezogen; wir trugen sie, die Ärmel rund um den Bauch geschlungen, über dem Hintern. Die Jüngsten schleiften die Enden am Boden nach. Als wir ankamen, sahen wir am Fuß der Felsen ein großes Wasserloch, umgeben von Schwarzdorn.

«Kommt das aus der Rhone?»

«Nein, von dort!», belehrte uns der Älteste und zeigte auf die hohe Granitwand über unsern Köpfen. Und bald begriffen wir, denn alle hatten schon von den heißen Quellen erzählen gehört. Das Zahnradbähnchen, das aus der Ebene durch unsern Flecken fuhr, kletterte bis in einen mächtigen Felsenkessel, in dem, inmitten von Wiesen, ein Badeort lag, so alt wie die Welt, wie wir glaubten.

Über dem violetten Wasser schwebte ein leichter Dunst. Der große Knabe begann sich vor uns allen auszuziehen. Er stand in Badehosen da und sprang ins Wasser. Wir stießen im Chor einen Schrei aus. Doch nachdem er sich geschüttelt und uns bespritzt hatte, wartete er seelenruhig im Wasser, das ihm bis unter die Achselhöhlen reichte.

«Ihr habt immer noch nichts begriffen!», rief er, als er uns mit offenem Mund dastehen sah. «Ihr habt nicht begriffen: Es ist warm!»

Doch, wir hatten begriffen. Ja, es war warm, wie ein schönes Bad in einer schönen Badewanne. Wir brüllten: «Aber so etwas!»

Die Knaben ließen die Hosen hinunterrutschen, entstiegen einem Häuflein Stoff im mehr oder weniger weißen Slip und tanzten ebenfalls in das Wasser. Die Mädchen blieben am Ufer und tuschelten: «Gehen wir auch!»

Das war vor neun Jahren, denn ich beginne mein siebzehntes Lebensjahr. Schließlich waren alle in Höschen und Hemdchen im Wasser. Ei, wie das schnatterte und lachte! Ich war allein am Ufer geblieben. Ich weiß nicht weshalb, eine unerklärliche Angst hinderte mich am Mitmachen. Ich wagte mich nicht auszuziehen. Das wäre Sünde, dachte ich in meiner Einfalt. Schon zum voraus lähmte mich die Angst vor dem Geständnis. Die andern kümmerten sich nicht darum. Was würden sie an der Beichte sagen? Würden sie überhaupt beim Beichten daran denken? Eines war gewiss: Beunruhigt waren sie nicht. Und sie hatten recht. Als sie aus dem Wasser stiegen, waren sie alle sozusagen nackt in ihrer durchscheinenden Baumwollwäsche, ausgenommen der Älteste, der richtige Badehosen trug. Sie schüttelten sich und rannten durch den Sand, der sich hinter dem Schwarzdorn dehnte, und ich weiß nicht, ob sie trocken wurden oder noch nass in die Kleider schlüpften.

Ich war abseits geblieben und hatte ihnen zugeschaut. Erst viel später, als die andern schon weggingen, kam auch mich die Lust zum Baden an. Ich wartete, bis sie verschwunden waren. Als ich mich allein wähnte, wurde ich noch kühner als sie. Ich zog mich völlig nackt aus und legte einen schweren Stein auf mein Kleiderhäufchen. Der Föhn begann zu wehen. Ich stieg nun ebenfalls ins Wasser, und bald hätte ich geschrien vor Vergnügen, denn zunächst hatte mich die kühle Luft geschüttelt und jetzt – oh! jetzt – wurde ich von mütterlich-warmen Wogen geschaukelt. Meine Füße sanken etwas in den Sand ein. Ich schloss die Augen und tauchte bis zum Kinn ins Wasser. Ich hätte ertrinken können, dachte aber nicht daran. Mir schwindelte vor Glückseligkeit, und mein Blut brauste fröhlich in den Ohren. Und plötzlich geschah etwas Seltsames: Ich wähnte, mein Ebenbild auf mich zukommen zu sehen, ja, ich glaubte, dass das Wasser, Spiegel oder Spiegelung geworden, mir mein Bild zurückwerfe. Aber jener nackte Körper, ebenso weiß wie der meine, den die Wellen nur wenig verzerrten, gehörte nicht mir. Auch der Kopf war nicht der meine, jener Kopf, wie abgehauen über der Wasserfläche. «Ah!», sagte ich und stand still.

Es war ein Knabe. Er blieb ebenfalls stehen und brach in Lachen aus. «Du hast gemeint, du seist allein?»

«Ja», erwiderte ich und begann plötzlich zu zittern.

«Siehst du», sagte er ruhig und gebieterisch, «du und ich, wir sind Adam und Eva.»

Ich muss ihn verschüchtert und flehend angeschaut haben ... Er brach von neuem in Gelächter aus.

«Was ist schon dabei, schließlich ist hier das Paradies!»

Er half mir aus dem Wasser, doch ich stand nicht so sicher auf meinen Beinen und taumelte. Nun war ich wieder auf dem Sand, und ohne ihn anzublicken, kleidete ich mich hastig an. Er tat ein gleiches. Ich hörte, wie seine Hosenträgerchen zurückschnellten; er hatte wie ich seine Sachen unter einen Stein gelegt.

«Ich kenne dich gar nicht», sagte ich. «Ich habe dich nie gesehen.» Mein Kleid hatte mir die Sprache zurückgegeben.

«Du bist nicht aus dem Dorf?»

«Nein, ich komme vom Wald.»

In diesem Augenblick durchflutete eine unbegreifliche Zuneigung zu ihm mein Innerstes. Doch ich wollte sie beherrschen: «Bist du uns nachgegangen?»

«Ja ...»

«Und warum hast du nicht mit den andern gebadet?»

«Sie sind vom Dorf, ich bin vom Wald.»

Ich wusste nicht was sagen. Ich ahnte dunkel, dass er sich uns in einem gewissen Sinne nicht ebenbürtig fühlte.

«Und du?», meinte er.

Ich senkte den Kopf. Der Junge lächelte. Er musste zehn oder elf sein und zeigte kräftige Zähne. Die schrägen Mandelaugen waren prachtvoll. Er wies auf einen Schwarzdornstrauch: «Versteckt!»

Ich schaute hin und sah mit grenzenlosem Staunen: Der Schwarzdorn stand im Blust! Zu Tausenden hatten sich soeben im warmen Vorfrühlingsföhn die kleinen weißen Blüten geöffnet.

«Die Dornenkrone ...», sagte der Junge feierlich. Auch er war überrascht.

. . . .

Ich habe diese Punkte aneinandergereiht, weil seither viele Jahre vergangen sind. Und jetzt liege ich auf dem Steg über dem Weiher und schaue den Schleien zu. Und plötzlich weiß ich es. Der Jüngling, der eben noch dort saß und mich anschaute, das ist er! Der Junge, der mit mir badete, nackt im Schwefelwasser, vor zehn Jahren. Ich liebe ihn. Ich weiß nicht warum. Ich liebe, liebe, liebe ihn ...

2. September
Die Schule hat wieder begonnen. Haushaltungsunterricht, Steno, Buchhaltung. Ich finde nicht viel Geschmack an diesen Fächern, aber damit kann ich einmal mein Leben verdienen, in der Fremde. Immer denke ich ans Fortgehen, aber vorher will ich Gewissheit, will ich *ihn* noch einmal sehen.

6. September
Kalt, ein Dreckwetter. Ich konnte nichts anfangen.

11. September
Schlechte Laune. In der Schule ist mir langweilig. Von den Gesprächen meiner Kameradinnen will ich nichts erwähnen, auch nicht von den Bemerkungen der Lehrschwester, das al-

les kümmert mich nicht mehr. Trotzdem versuche ich noch zu lernen, damit ich in einem Jahr eine Stelle annehmen kann. Vater hätte nie gewollt, dass ich arbeiten würde, aber im Leben muss man sich allein durchschlagen können. Ich möchte unabhängig sein und jenseits des großen Waldes arbeiten, unten in der Stadt, deren Lichter man abends sieht. Ich werde Brillant in die Reitanstalt geben (ich weiß, es hat dort eine) und oft mit ihm zurückkehren in die Wälder, die weiter im Westen noch schöner sein sollen.

Möglichst beiläufig habe ich mich über die Leute im Gutshof erkundigt, bei einem der Mädchen, das mit seiner Familie dort wohnt und täglich hier zur Schule kommt. Wenn nötig, werde ich seine Freundin. Ich muss unbedingt Gewissheit haben.

15.September
Ich habe nichts Überwältigendes erlebt. Am Sonntag hatte Mutter Besuch, ich blieb zu Hause und half. Am Donnerstag hoffe ich zu den Weihern gehen zu können. Werde ich noch den Mut zum Baden haben? Das Wetter ist zwar wieder hell, doch die Luft bleibt kühl. Heute war Alpabzug, die Wiesen bedecken sich mit Herbstzeitlosen.

Ich sattle Brillant jeden Morgen und reite eine Stunde aus. Striegeln, Stallputzen und Schule füllen meine Zeit aus.

16. September

Heute lehrten uns die Schwestern das kunstvolle Zurüsten von Früchten und Gemüsen. Nachdem sie uns dargelegt hatten, dass die Nahrung bei gefälliger Präsentation nicht nur an Schönheit, sondern auch an Geschmack gewinne, zeigten sie uns, wie man weiße Rüben und Karotten in Scheiben, Sterne, Würfel und Dreiecke schneidet. Das sind Geometriestunden …

«Was für ein Zeitverlust!», habe ich geseufzt. «Ich werde einst gewiss keine solchen Umstände machen!»

«Ja eben», warf Schwester Bertrand-de-Jésus ein, «Konserven werden Sie kaufen und Suppenpulver, lauter tote Nahrungsmittel, und Ihr Magen wird es bald einmal büßen.»

Geschrei und Gelächter! Mitten in dem Haufen Gemüse, das wir künstlerisch zugeschnitten hatten (ich hatte ein Pferd zu schnitzeln versucht, aber seine Beine brachen ab), thronte ein Weibchen mit Fischschwanz, das aus einer Karotte herausgeschnitten war. Eine Meerjungfrau! Sie hatte winzige Brüstchen, seltsam zugespitzt. Die Schwester wurde knallrot und ließ das Ding mit flinker Hand im Dunkel ihres weiten Rockes verschwinden. «Haben Sie das gemacht?», fragte sie mich wütend.

«Nein …»

Ich war sprachlos ob solchem Zorn. Meine Überraschung gab mir eine Sündermiene, und ich konnte mich nicht wehren. Die andern schauten mich mit boshafter Freude an.

«Sie ist es gewiss!», bekräftigten einige Stimmen.

«Ich? Aber ihr habt doch gesehen, dass ich Brillant schnitzte.»

«Oh! Brillant!»

Ich merkte, sie waren neidisch. Nicht eine hätte mich verteidigt. Meine einsamen Ausflüge weit in einen Wald, dessen Schönheit sie nicht kannten, missfielen ihnen. Nein, sie verstanden mich nicht, sie freuten sich, mich zu ertappen auf frischer Tat. Das Vergehen? Ein harmloser Streich, gar nicht von mir verübt.

Und die Schwestern, die uns erziehen sollten? Sie haben nur immer die Wörter *rein* und *unrein* im Mund.

Auf dem Heimweg war ich niedergeschlagen. Die Abkürzung mit den blaugrauen und rötlichen Pflastersteinen kam mir so steil vor, dass ich mich an das alte Holzgeländer klammerte, das mit rostigen Eisenhaken an der Mauer befestigt ist. Von Zeit zu Zeit gab mir eine Mauerlücke den Blick auf mein Reich frei: meinen Wald, die Rhone mit ihren Sandufern.

20. September

Gegen meinen Willen zurückgehalten; ich berste vor Wut.

Sonntag, Sonntag … Eine Predigt über den Tod. Ich habe nie gern an den Tod gedacht. Für mich ist er zwar nicht das Nichts, aber viel weniger als das Leben. Ich sehe das Jenseits als ein Schattendasein ohne Liebe von Mensch zu Mensch. Deshalb finde ich an jener zweiten Daseinsform nicht recht Gefallen. Ich habe auch kein wirkliches Verlangen nach Gott. Ich bedaure es: Alles wäre einfacher, oder schrecklicher. Doch nichts auf Erden scheint mir einfach. Immerhin, jetzt quält mich der Gedanke an Sünde nicht mehr. Ich stelle mir vielmehr vor, dass allzuviel Glück zur Pein wird, die, nicht als Strafe, aus dem Glücksgefühl entspringt. Und wenn Gott und Teufel, Gut und Böse, nur zwei Gesichter desselben Wesens wären?

Ich schreibe wahrscheinlich dummes Zeug. Jedenfalls würde es Schwester Bertrand-de-Jésus sagen, wenn sie dies läse. Aber sie wird es nicht lesen, auch niemand anders. Ich habe ein sicheres Versteck für dieses Heft.

Ich spüre in mir einen regen Geist (vielleicht Intelligenz?), aber ich gestehe, dass ich nicht richtig überlegen kann. Wenn ich vernünftig denken will, so wird bald alles verschwommen wie Nebel in meinem Hirn. Lasse ich jedoch Ideen und Vorstellungen unvermittelt aus dem Innern aufsteigen, so erscheinen sie mir in blendender Klarheit. Doch sie sind unbeständig, unfügsam.

Ich gestehe, dass ein Bild oftmals wiederkehrt. Das männliche Glied. Nein, nicht von einem Mann! Ich sehe stets nur das baumelnde Zipfelchen eines kleinen Jungen, und nicht für lange, ich finde es etwas lächerlich und gar nicht reizvoll. Aber ich kann nichts dagegen, ich muss mir das schlottrige Glied am Körper eines Jungen denken, den ich suche. Dann empfinde ich innige Zärtlichkeit und auch Rührung. Gewiss, ich weiß, da ist der Ursprung der Welt, und deshalb sind wohl die Jungen auch so stolz darauf und die Frauen so beeindruckt. (Und wahrscheinlich deshalb sind auch auf einem alten Wandgemälde in der Kirche, das ich abstoßend finde, alle Geschlechtsteile der Erwählten ausgelöscht, während die der Verdammten hinter den Teufelsfackeln verschwinden.)

27. September
Endlich konnte ich wieder zu den Weihern gehen, und sogar noch weiter. *Ich habe ihn nicht gesehen.* Aber etwas Seltsames ist mir widerfahren, von dem ich berichten will; ich

glaube, es ist ein Zeichen. Allerdings ein widerwärtiges Zeichen …

Bevor ich Brillant in das Schilfdickicht lenkte, hatte ich darin überrascht eine Wellenbewegung bemerkt. Es wehte kein Wind. «Na gut», sagte ich mir, «da jagt jemand Enten.» Ich wartete. Nichts mehr zu bemerken. Da ich mich zu verspäten fürchtete, zwang ich Brillant mit Hackenschlägen zu einer rascheren Gangart. Irgendetwas schien ihn zu beunruhigen. Auf dem morastigen Weg achtete ich darauf, dass er festen Boden unter den Hufen behielt, doch plötzlich machte er einen Tritt zur Seite und sank mit der Hinterhand im Matsch ein. Nur mit Mühe war er zu befreien. Meine Stiefel und Hosen waren mit Schlamm bedeckt, und ich wollte herausfinden, was mein Tier erschreckt hatte, das doch sonst nicht so ängstlich ist. Plötzlich war das regelmäßige Geräusch eines Gertels zu vernehmen, mit dem jemand Zweige abhackte. Gleichzeitig hörte ich Atemzüge, ganz nahe von mir. Ein lautes Schnaufen, wie von einem Tier. Ich sah einen Rücken: ein alter, rostroter Überzieher. Ein Kopf wandte sich mir zu. Ein Schwachsinniger! Er riss einen gewaltigen Mund auf und stammelte etwas Unverständliches, das offenbar liebenswürdig gemeint war. (Junge Mädchen bringen solche Leute in Verzückung.) Dieser hatte eigentlich nichts Erschreckendes an sich. Vielleicht war mein Pferd nicht vor dem armen Geschöpf zurückgescheut, sondern vor dem blitzenden Gertel.

Wir setzten unsern Weg fort und kamen glücklich wieder auf festen Boden, in die von Riesendolden gesäumte Allee, die um die Hügel herum zu den Weihern führt. Ich sah meinen Teich und den Grasfleck, auf den *er* sich gesetzt hatte. Nach welcher Seite war er weggegangen? Nach Osten gegen den großen Gutshof oder nach Westen gegen die andern Weiher und die kleineren Höfe? Ich beschloss, in diese Richtung zu gehen.

Warum war ich nicht häufiger hier gewesen? Ein wundersamer Ort voll Frieden, auch wenn man eine alte Bruchbude in ein Restaurant mit Pergola und Orchester verwandelt hat. Es ist nahe der Hauptstraße. Meine Cousins kommen oft hierher, wenn die Pouletgirlanden am Spieß rösten, und dann tanzen sie mit den Mädchen. Wenn man bedenkt, dass dies einst ein armseliges Wirtschäftchen war, wo es im Sommer nicht einmal eine kühle Limonade zu trinken gab!

Die Weiher waren immer noch gleich. Ich ritt rund um den größten, von den Föhren im Norden zu den Birken und Eschen im Süden. Ich sah, wie ihr Laub in der Sonne zitterte und wie die Ringeltauben davonflatterten; ein Blesshuhn schwamm dem Schilfgürtel entlang. Nie würde ich den Teich völlig kennen, man müsste ein Ruderboot haben … Baden kann man nicht darin, sein Grund ist nicht fest und das Wasser zu seicht. Stellenweise ist es von tiefgrüner Färbung (sonst bräunlichgelb); ich weiß nicht, kommt dies von der größeren oder geringeren Tiefe oder von versteckten Algen. Am Ende des großen Weihers stehen zwei hohe Pfeiler, die einst eine Wasserleitung trugen. Sie lassen mich an die Säulenheiligen denken, jene Narren Gottes, die während Jahren hoch über dem Boden lebten, ohne Furcht vor Kot und Ungeziefer. Über die Geschichte dieser Männer bin ich immer wieder überrascht. Aber ich bewundere Leute, die vor solchen Verrücktheiten nicht zurückschrecken; und jene Säulenheiligen haben wenigstens niemand belästigt! Der dritte Weiher ist voll von gelbem Wassermoos, das obenauf schwimmt und vertrocknet. Der vierte gefällt mir fast ebenso gut wie der erste; man kann baden darin, das Wasser ist nicht so kalt. In der Mitte ist eine kleine Insel. In den Föhrenhainen der Hügel, die sich im Wasser spiegeln, wuchern Sträuchlein von Bärentrauben. Ich liebe die Laubbäume, doch mehr noch die Föhren mit dem kugeligen Laubwerk, das sich in den Himmel drängt wie Bündel von Luftballons.

Dort an der Rhone liegen drei, vier kleine Gehöfte, ärmlich, versteckt, mit Fackeldisteln in den Mauerwinkeln. Zu meiner Überraschung sah ich den Schwachsinnigen vor uns, mit dem Holzbündel und dem Gertel. Er musste den Weg durch die Hügel gegangen sein, während ich an den Wassern verweilte. Brillant scheute nicht mehr, im Gegenteil, er hielt grade auf die Gehöfte zu, spielte mit den Ohren und ließ ein vergnügtes Schnauben hören.

Ich hatte das letzte Bauernhaus hinter mir gelassen, es ist völlig weiß und trübselig, mit einem Holzgeländer an der Treppe; und der Schwachsinnige ging immer noch weiter. Wo er wohl hin will? Ich folgte ihm. So entdeckte ich einen weiteren Hof, von dem ich bisher noch nichts gewusst hatte. Er sieht armselig aus und dennoch vergnügt. Mitten in einer Arena aus dünnem Gras, umschlossen vom Wald, gleicht er einem Zigeunerwagen, der das Reisen aufgegeben hat. Dach und Mauern sind zum Teil überdeckt mit rostigen Blechböden von Benzinkanistern, die geschickt, ja geradezu kunstvoll aneinandergereiht wurden. Auf dem First bemerkte ich eine Wetterfahne mit einer Windrose, deren Arme mit Eiern geschmückt waren, wahrscheinlich Schalen von Hühnereiern. Ein Dutzend Tauben, braun und weiß, flatterten um das Dach.

Ich zähle diese Einzelheiten auf, weil ich das Haus genau beobachtet habe. Zu welchem Zweck? Es interessierte mich mehr als die andern. Da war der Trottel eingetreten. Und bald kam ein Junge von zehn, zwölf Jahren heraus. Er erinnerte mich an den jungen Mann, den ich an meinem Geburtstag am Weiher gesehen und der mich so aufmerksam angeschaut hatte ... aber mehr noch an den Jungen, der mit mir im heißen Wasser gebadet hatte. Sie müssen miteinander verwandt sein, oder meine Einbildungskraft müsste mich täuschen.

Der Bauernbub, zweifellos ein Bruder, trägt die gleichen blaugrauen Hosen. Natürlich ist er schmutzig und zerzaust. Er hat mein Pferd und mich kaum beachtet. Übrigens sind wir auch bald unauffällig verschwunden. Genug für heute! Ich kehrte auf der Hauptstraße heim, um schneller zu sein.

(Was über die Teiche noch zu sagen ist: Lin hat mir enthüllt, dass es noch einen fünften gibt, verborgen mitten in den Hügeln, doch fast ausgetrocknet.)

28. September

Im Halbschlaf sah ich gestern einen riesigen Baum, mit ungeheuer dicken Stämmen und Ästen. Der Hauptstamm war nicht hoch, aber aus ihm wuchsen andere Stämme in die Höhe und aus diesen wieder Äste. Ich erinnere mich nicht an das Laubwerk (vielleicht war es weit in der Höhe), aber vor allem an den Eindruck von Macht und Stärke, der vom Baum ausging. Und auch von Rohheit.

Hat der Stammbaum auf dem Bild im Hausflur etwas damit zu tun? Sie gleichen sich zwar kaum. Es war vielmehr das Bild aller Bäume in einem, das ich gestern vor mir glaubte ...

Danach bin ich richtig eingeschlafen und habe geträumt. Es war in der Umgebung von Paris (viele meiner Verwandten leben oder lebten in Paris), und wir wunderten uns, dass wir so nah der Weltstadt auf einem Berg wohnten, auf dem die Häuser mitten im Tannenwald kitschigen Schweizer Häuschen glichen. Vom Berg stürzten sich die Fluten eines Flusses in einen Stausee, in dem ich, wie ich sagte, so gern gebadet hätte. «Aber es ist eiskalt …», sagte man mir. Wir waren im Winter, und ich prahlte, ich könnte sogar in den Wasserfall tauchen!

Dann sah ich mich mit Vater sprechen. Ich erklärte ihm, *was junge Mädchen sind:* «Du kannst gar nicht wissen, wie die sind! Aber ich bin eins und weiß es: Junge Mädchen sind wie Blumenkronen, sie fühlen sich schön und wollen bewundert sein. Das ist ihr Lebenszweck. Und darum sind sie gern dort, wo man sie sieht.»

Das habe ich meinem Vater erzählt. Und jetzt sage ich mir, dass ich auch in den abgelegensten Stellen meines Waldes die Chance habe, dass man mich sieht.

8. Oktober
Herbstferien. Ich war wieder bei den Teichen und den Gehöften. Nichts gesehen. Meine Vettern sind auf der Jagd nach Rehen; sie töten aus Langeweile, ich möchte ihnen nicht begegnen.

11. Oktober
Heute Sonntag sah ich ihn. Ich sprach mit ihm. Er sprach mit mir.

Diesmal schlich ich um das kleine Bauernhaus. Bevor ich

fortging, band ich Brillant an einen Baum, im frischen Gras zwischen den Hügeln; ich küsste ihn auf die Stirn und sagte: «Sei schön brav und warte still auf mich.» Nie hatte ich sonst so viele Umstände gemacht, ich glaube, ich war aufgeregt. Dann blieb ich halbversteckt im Föhrenwald. Ich betrachtete das Haus, sah den Brunnen, das Maisfeld und den Garten mit den verdorrten Sonnenblumen und den Bohnenstangen. Dahinter sah ich einen Schuppen, vollgestopft mit altem Eisen und einem Traktor.

Um mir die Zeit zu verkürzen, trällerte ich vor mich hin:

Un jour peut-être la folie viendra.
En attendant, chéri, tu es là.

Das ist ein neuer Schlager, er gefällt mir. Ich wartete. Kein Laut kam aus dem Haus, auch kein Mensch. Ich hatte mich ins Gras gesetzt, und nun war ich schrecklich durstig. Ich starb fast vor Durst. Ins nahe Restaurant konnte ich nicht gehen, ich hatte nicht einen Rappen. Gewöhnlich kann ich Durst ertragen, aber nun rauschte dort drüben der Brunnen … Ich hörte ihn, sah ihn. Und da ich immer noch keine Sterbensseele sah, trat ich aus dem Wald und schritt auf den Brunnen zu. Ich war schon fast am Ziel, da stürzte ein kläffender Wolfshund aus dem Schuppen. Und plötzlich standen sie unter der Tür: die ganze Familie, Frauen, Männer, Kinder! Der Hund kam näher; ich fühlte, mehr als ich sah, das Lächeln der Frauen; die Alte schien boshaft zu frohlocken. Aber wir hatten früher selber Hunde, so fürchte ich mich nicht vor ihnen. Ich rührte mich nicht mehr. Eine gebieterische Stimme ertönte, der Hund blieb stockstill stehen. Alles hatte sich blitzschnell abgespielt: das Tier, das heranstürzte, das Hohnlächeln der Frauen, der Ordnungsruf eines der Männer. Sie waren zu dritt, ein Alter, der Schwachsinnige und der zerzauste Junge, und dann noch zwei besudelte kleine Kinder. Wir schauten uns an. Ich entdeckte an ihnen feindseliges Staunen: Sie hatten auf mein Erschrecken gewartet, an dem sie sich geweidet hätten.

«Darf ich trinken?», fragte ich.

«Ja», kam die Antwort auf Deutsch.

Ich trank gierig, den Mund an der Brunnenröhre, sie schauten spöttisch und kopfschüttelnd zu. Ich wusste es, während mir das Wasser durch die Kehle rann und mir Kinn und Bluse benetzte. Ich ließ mir's schmecken und tastete gleichzeitig mit den Antennen meines Gefühls die eigenartige Familie ab. Alle schienen sich beruhigt zu haben: Der Alte hatte den Hund im Schuppen angebunden, der Junge hatte sich auf die Treppe gesetzt, der Schwachsinnige und die beiden Kleinen waren verschwunden. Die zwei Frauen, die mich immer noch musterten, waren in das Gärtchen gegangen.

Soweit recht, sagte ich mir, ich kenne die Leute des Hauses, aber *er* scheint nicht hier zu wohnen. Und wie könnte er zu ihnen gehören! Er ist schmuck und hübsch, und er liest Bücher. Den ungeschlachten Jungen dort konnte ich mir nicht im Föhrenhain lesend vorstellen. Trotzdem sagte mir mein Instinkt, dass ich mich nicht getäuscht hatte. Das muss ein Bruder sein oder ein Cousin, die Ähnlichkeit ist zu frappant. Besonders seine Ähnlichkeit, ich habe bereits darauf hingewiesen, mit dem Knaben, den ich vor zehn Jahren getroffen hatte und der damals ungefähr gleich alt war.

Ich nahm einen letzten Schluck und ging. Auf den Hügel zu, aber ich konnte mich nicht zum Weggehen entschließen. Wieder legte ich mich auf die Lauer. Zum Glück konnten sie mich vom Haus aus nicht sehen … Aber ich sah zwischen den Zweigen hindurch wie durch ein Fernglas. Nein, ich hatte die Suche nach dem Jüngling nicht aufgegeben, um dessentwillen ich gekommen war.

Un jour peut-être la folie viendra …

summte ich wieder, ja, die traurige Melodie gefällt mir, und auch die Worte, deren Sinn ich nicht verstehe: Handelt es sich um richtigen Wahnsinn oder einfach um Liebeswahn? Und die übrigen Verse kenne ich nicht.

Gewiss, vom kleinen Gehöft aus konnte man mich nicht sehen, aber … *er* war hinter mir. Als ich es merkte, errötete ich so heftig, dass ich meinen Hals brennen fühlte. Doch statt dass mich die Verwirrung ärgerte, was begreiflich gewesen wäre, war ich fast glücklich darüber. Er grüßte mich artig, in einem unerwartet wohlklingenden Französisch: «Bonjour, Mademoiselle», und tauchte seinen dunklen Inquisitorenblick in meine Augen. Dann ging er weiter und verschwand schließlich im Haus. Ich war derart überrascht und verlegen, dass ich nicht zu antworten wusste. Ich stand auf, um so rasch als möglich das Feld zu räumen. In der Talmulde fand ich Brillant, der etwas unruhig war. Jemand musste ihn entdeckt und sich ihm genähert haben; ich glaubte Spuren im Gras und auf dem Waldboden zu sehen, aber vielleicht waren es die meinen.

Ich ritt im Trab davon, ohne darauf zu achten, dass die Kleefelder des großen Hofes zerstampft wurden, und erreichte die Hauptstraße. Wie ich nachher heimkehrte und Brillant absattelte, ist mir überhaupt nicht mehr in Erinnerung. Ich war aufgewühlt und enttäuscht.

18. Oktober

Ich will nicht mehr hingehen. Wenigstens für lange Zeit nicht mehr. Ich weiß jetzt alles über ihn. Und auch, dass er mich nicht liebt, nicht lieben kann. Tag um Tag war er mein einziger Gedanke gewesen. Ich saß da, am Waldrand und wartete auf ihn, so erfüllt von ihm, dass ich mehr ihm glich als mir selbst. Und er ging vorbei, als kenne er mich nicht, teilnahmslos. Schlimmer noch: mit höflichem Anstand.

25./26. Oktober, in der Nacht

Ich war doch wieder dort. Ach! Was habe ich heute nicht alles erlebt! … Ich bin zum Umfallen müde, aber ich weiß, dass ich die ganze Nacht nicht schlafen werde: Ich bin erschlagen vor lauter erschreckendem Glück. Zum ersten Mal fühle ich Liebe. Und sie ist so stark, ich weiß es, fester als Fels, und für ewig, denn es ist unmöglich, dass es anders sein könnte. Christoph, Christoph, hörst du, ich rufe dich! Ich höre, du antwortest mir. Wie konnten wir nur unsere Lebensläufe nebeneinander auf zwei Geleisen führen, ohne dass wir uns je sahen? Jetzt ist unser Leben *eins*.

Aber ich will erzählen, und schnell.

Vorerst habe ich meine Mutter wissen lassen, dass ich den ganzen Tag wegbleiben würde. Das wollte ihr nicht gefallen: «Warum gehst du auch immer in diesen Wald? Es gäbe doch andere Ausflüge … Der Wald ist berüchtigt. Zu meiner Zeit hätte sich nie ein Mädchen allein hineingewagt.» Sie vergisst, dass sie dort dürre Äste sammelte, während ihr Vater und ihre Mutter (meine Großeltern) einen ausgedienten Kinderwagen aus Korbgeflecht zum Flussufer stießen und angeschwemmtes Holz zusammenlasen …

Es war am Christkönigsfest. Während der Messe verschwand der Altar fast unter den roten Zweigen des Hornstrauchs, der hier an den Felshängen wächst. Die herbstroten Blätter bildeten einen flammenden Busch um das Tabernakel, und ich glaubte schon, durch Staub und den mir unausstehlichen Weihrauch hindurch, den herben Hartriegelgeruch zu atmen. Doch mir scheint, im Christentum sei eine tiefe Traurigkeit, die ich an der Lehre des Heilands nicht verstehen kann.

Nach der Heimkehr nahm ich Brot und Käse und stibitzte im Garten meiner Cousins eine Handvoll Feigen, die sie ohnehin verfaulen ließen. Ich stopfte alles in meinen Brotsack und schwang mich ungeduldig auf meinen Hengst. Da er seit einer Woche nicht mehr bewegt worden war, benahm er sich störrisch und war auf dem ganzen Weg bis zur Brücke zappelig. Das Getöse der Rhone, gesteigert von einem vorbeiratternden Zug, erschreckte ihn. Ich hatte Angst, er werde durchbrennen, und nur mit Mühe konnte ich seinen Schritt hemmen. Mich zog es zum Wald. Dort wollte ich nicht um die Weiher herumgehen, sondern den kürzeren Weg über die Hügel einschlagen. Das war mit Brillant etwas mühsam, er ist kein Maultier. Ich schmiegte mich an seinen Kamm, um den Zweigen auszuweichen; manchmal musste ich abspringen und ihn am Halfter nachziehen. Ich war zerschunden und zerzaust, als ich in Sichtweite der kleinen Höfe kam. (Meine Aufmachung ist für mich die geringste Sorge; allerdings ist es mir lieber, man findet mich hübsch und angenehm als wüst und schlampig.) Doch was schert es! Hauptsache: *ich hab ihn gesehen.*

Er trat eben heraus, als ich an dem kleinen Haus vorbeiritt. Da ließ ich Brillant tänzeln und wenden auf meine Art. Er blickte mir entgegen und fragte: «Haben Sie wieder Durst, Mademoiselle?» Ich verneinte.

«Vielleicht Ihr Pferd?»

«Es gibt einen Teich.»

«Aber das Wasser ist dort nicht gut zum Trinken, es ist voller Frösche. Kommen Sie zum Brunnen!»

Wir gingen zum Brunnen. Der Hund war angebunden, er gab auch nicht Laut.

«Sie reiten ganz allein aus?»

«Ja.»

«Reiterinnen sieht man hier nicht oft.»

«Ich weiß.»

«Ich habe eine Dame gesehen, letzten Monat, mit zwei Männern. Sie jagten die Pferde in den Teich, dasjenige der Frau wäre fast in ein Schlammloch gestürzt; es bäumte sich auf, und sie fiel beinahe ins Wasser.»

Plötzlich sah er besorgt aus und fragte: «Gehört es Ihnen?»

«Ja, ich habe es zum fünfzehnten Geburtstag erhalten ... Vor zwei Jahren», fügte ich bei.

«Da hätte ich für mein Teil schon lieber ein Motorrad!», sagte er und verzog das Gesicht.

Das ärgerte mich. Wie konnte man ein Motorrad einem Vollblut vorziehen! Ich gab zur Antwort: «Ein Motorrad braucht weniger Drum und Dran, gewiss! Man stellt es in einen Schuppen oder irgendwo draußen hin, und Schluss.»

Er zog die Augenbrauen zusammen, die dick und schwarz sind (meine sind blond wie die Haare), und richtete den Blick auf das Haus. «Nächstes Jahr vergrößern wir, und dann …»

Er machte eine Gebärde, als ob er Abbruchmaterial fortschmeißen würde. Hinter den Fenstern, von roten Vorhängen halb verdeckt, rührte sich nichts. Hühner und ein Hahn stakelten um uns herum.

«Wollen Sie meine Kaninchen sehen?» Er zeigte auf einen übelriechenden Holzkasten, der in Fächer unterteilt war. «Ich habe auch ein Bienenhaus beim Teich.»

«Ich muss wieder fort.»

Plötzlich sah er so unglücklich drein, dass er mir leid tat. Ich stieg vom Pferd und trank etwas Wasser. Ich trank zu hastig und fühlte das eisige Wasser den Hals bis in den Bauch hinunterrinnen. Da kam ihm ein Gedanke: «Möchten Sie drinnen einen Kaffee trinken?»

Ich war überrascht und sagte ja. Oh, ich zitterte vor Aufregung, doch er musste annehmen, dass ich kalt hätte.

Ich sah sein Haus von innen. Die Alten waren nicht da, auch nicht die Kinder und der Schwachsinnige. Vielleicht schliefen sie. Die Frau, die jüngere, stellte bald eine große Metallkanne und zwei Tassen auf den Tisch. Sie schaute mich an mit Furcht und Neugier und sagte: «Wie heißen Sie?»

Ich nannte einen falschen Namen. Unwillkürlich, ich weiß nicht, warum. Aus Vorsicht? Es hat gar böse Zungen in unserm Flecken. Aber das war nicht der wichtigste Grund. Es gibt einen andern: Vielleicht macht mir diese Frau, *seine Mutter*, etwas Angst. Sie hat einen forschenden Blick; trotzdem steht sie ihrem Sohn unterwürfig gegenüber, und er spricht wie mit einer Dienstmagd zu ihr. Sie ließ uns allein in der Küche; mir gefiel es auf der Eckbank, fast eingezwängt hinter dem Tisch. Aug in Aug mit mir saß Christoph. So nannte ihn, wie ich bemerkt hatte, seine Mutter. Ich fragte: «Und was für einen Familiennamen haben Sie?»

Er nannte mir ein in der Gegend weit verbreitetes Geschlecht. Ich trank den Kaffee und fand ihn wundervoll, obwohl er, wie ich glaube, aufgewärmt war. Christoph sprach in deutscher Mundart mit der Mutter, als sie zurückkam, und sie brachte uns frische Nüsse und dunkelrote Äpfel. (Ah, was für Äpfel! Man findet sie bald im ganzen Lande nicht mehr. Eine uralte Sorte, die mir lieber ist als alle andern.) Ich packte meinen bescheidenen Proviant aus. Wenn sie wüssten, dachte ich, wenn sie wüssten, dass ich zu Hause manchmal hungern muss ...

Dann begleitete er mich zurück in den Wald, bis zu meinem Weiher, wo wir uns das erste Mal getroffen hatten. Er hielt mir das Pferd. Ich sprach vom Loch mit dem Schwefelwasser und vom blühenden Schwarzdorn. Er entsann sich ganz genau. Bevor ich ihn verließ, sagte ich: «Christoph, den Namen, den ich nannte, müssen Sie vergessen.» Ich schämte mich meiner Lüge. «Verzeihen Sie, doch Sie müssen ihn vergessen.»

«Sie den meinen auch!», stieß er plötzlich hervor.

Er sah ernst aus, doch keineswegs erzürnt.

«Also gut, haben wir halt keine Namen!», sagte ich.

«Doch, grad habe ich einen gefunden für Sie.»

«Welchen?»

«Waldkind, oder einfach: Wald.»

Ich lächelte: «Und ich nenne Sie Flussjunge, oder einfach:

Fluss.» Wir schauten uns an. Er umarmte mich stürmisch, ohne mich zu küssen (ich wusste nicht, dass junge Burschen so hartknochig sind), und lief eilends davon.

27. Oktober
Ich hoffte, er würde in der Nähe vorbeikommen. Ich war gewiss, ihn wiederzusehen, doch … nichts. Werde ich am Donnerstag Zeit finden für einen Ausflug zu den kleinen Höfen?

30. Oktober
Ich habe ihn nicht wiedergesehen. «Er ist in Brig», haben sie mir gesagt. Der Alte starrte lästig, ja fast lüstern auf die Türkise meiner Halskette, die ich über meinem schwarzen Pulli trug.

Ich wagte, einige Fragen zu stellen. Als ich fragte, wie viele Geschwister Christoph habe, sahen sie alle belustigt drein, als hätte ich eine Dummheit gesagt. Etwas ärgerlich zeigte ich auf den kleinen Knaben: «Bist du sein Bruder?»

«Nein, Onkel.»

«Christoph ist dein Onkel?»

«Nein, ich bin der Onkel.»

Ich gab mir keine weitere Mühe. Wer sollte das verstehen? Die Frauen misstrauten mir nach wie vor, nur der Schwachsinnige sprach mit mir (ein Gelalle unverständlicher Laute). Ich war so enttäuscht, dass sein armseliges Wohlwollen für mich ein Trost war. Es war, als wollte er mir etwas erklären, und wenigstens er versuchte mir zu helfen. Was für eine Familie!

3. November

Gestern Abend ging ich mit meiner Mutter und der Tante Sigesta zu Papas Grab, wo wir beteten und Kerzen anzündeten, die wir in die Erde gesteckt hatten. Manchmal fing ein Tannzweig oder eine Chrysantheme Feuer. Unauffällig musterte ich die Männer in der Prozession und hoffte, Christoph zu sehen; aber wie sollte ich ihn erkennen in der Dunkelheit, die noch dunkler schien im Geflacker vereinzelter Flämmchen? Hier mussten seine Verwandten begraben sein, denn mehrmals hatte ich seinen Namen gelesen. In der Nacht plagte mich ein Alptraum. Ich erinnere mich an ein bedrückendes Schwindelgefühl und an ein Erschrecken, von dem ich mich nicht befreien kann. Es war an einem Flussufer, ich entsinne mich deutlich, dass Geröll am Boden lag, alle Steine rund und von derselben Größe, weiß oder schwarz. Ein geheimnisvoller Leib umschlang den meinen und wurde plötzlich ein Teil meiner selbst, mit so heftiger Gewalt, dass er unerträglich wurde. Beide zusammen und eins geworden sanken wir willfährig bis in den Grund der Fluten.

5. November

Heute Nachmittag ritt ich im Galopp hinüber. Der Lehm, steinhart vom ersten Frost, dröhnte tausendfältig unter Brillants Hufen, dumpf wie eine Trommel.

Die Alte öffnete mir die Tür, verzerrte das Gesicht zu einem fratzenhaften Lächeln und verschlang mich fast mit ihrem schwarzen Auge (das andere war von einem geschwollenen Lid verdeckt) … Ihre Feindseligkeit war verflogen. In einem deutsch-französischen Kauderwelsch gab sie mir zu verstehen, dass sie allein zu Hause sei. Ihr Mann arbeitet im Elektrizitätswerk. In unregelmäßiger Schicht, wie sie mir erklärte. Ich lenkte das Gespräch auf Christoph. Da setzte sie eine feierliche Miene auf und sagte: «Christoph? Oh! … Student, Advokat!»

Ich fürchtete schon, er sei in einen Prozess verwickelt und habe Scherereien wegen weiß Gott welcher Dummheit! Keineswegs, die Alte sagte mir, er studiere und wolle Rechtsanwalt werden.

Ich war sprachlos. Ich glaubte, sie missverstanden zu haben, doch sie erzählte mir immer neue Geschichten: in der Schule stets der erste, der Lehrer stolz auf ihn und so. Dazwischen schnarrte sie bewundernd, er sei «bei Gott nicht dumm». Ich hörte und hörte, angenehm überrascht. Doch hätte sie mir berichtet, wie Christoph den Mist verzettet oder einen Bienenschwarm eingefangen habe – mein Vergnügen wäre nicht kleiner gewesen. Jemand erzählte von ihm!

Sie zeigte mir eine Photographie im Postkartenformat, auf der er zusammen mit anderen Kollegiumsschülern mit Mütze abgebildet war. Ich musste mich zusammennehmen und die Faust machen, damit ich sie ihr nicht entriss und mitnahm. Ich dachte: Wie könnte ich das Bild kaufen? Oder stehlen? Die verrücktesten Ideen gingen mir durch den Kopf. Doch ich verabschiedete mich höflich von ihr und ging.

Ich hatte gefragt: «Wann kommt er wieder?»

Sie hatte geantwortet: «Nächsten Sonntag.»

6. November

Ja, manches ließ mich erkennen, dass er kein Bauer war wie die andern: sein gepflegtes Französisch, seine Selbstbeherrschung und die Anmut im muskulösen und doch feingliedrigen Körper. Und seine Blässe erstaunt mich immer, seine Haut ist bleicher als die meine. Vielleicht, weil er zu oft bis in die Nacht hinein lernt ... Früher war er stämmiger gewesen.

Offen gesagt: Auch wenn Christoph ein Reutebauer im Wald war wie seine Eltern, so wäre ich gern mit ihm zusammengeblieben. Ein Häuschen, ein paar Tagwerk Land: Der Gedanke daran gefiel mir. Ich habe keinen Ehrgeiz außer für meine Liebe.

8. November

Er wartete auf mich am vierten Teich und ließ mich nicht weitergehen bis zum kleinen Hof: «Großvater ist schlechter Laune, er knallt die Tauben ab. Gehen wir zur Rhone ... Du weißt, wir haben am Hang etwas Rebland.»

Wir schritten Seite an Seite, ohne uns zu berühren. Der Boden unter unsern Füßen war gut, das Gras grünte noch, ein Kirschbaum stand schon halb entlaubt. «Im Wald gibt es fünf Kirschbäume», sagte er. «Du solltest sehen, wie schön sie im Frühling sind.» Fast wider Willen strahlt Christoph eine Sanftheit aus, die mir abgeht. Man hat mir oft gesagt, an mir sei ein Junge verlorengegangen.

«Deine Mutter ... Sie sieht nicht glücklich aus?»

«Nein», pflichtete er bei und wurde traurig.

«Und dein Vater? Ist er gestorben?»

«Ich habe keinen Vater.»

Jetzt waren wir beim Weinberg angelangt, seinem Weinberg, mit kahlen roten Rebstöcken.

«Oh!», rief ich unbedacht, «ist der aber schlecht gelegen! Er hat doch nicht genug Sonne, du solltest sehen, wie sie auf unsere Reben am Felshang gegen Süden niederbrennt.»

Ich merkte, dass ich ihn verletzt hatte.

«Ich habe gehört, du seist aus der Aristokratie ...», sagte er. «Ich hätte es ahnen können.»

«Stört es dich?»

«Ohne wäre besser.»

«Küsse mich ...», flüsterte ich und wollte seinen Namen sagen, aber ich fand ihn nicht mehr. Wir liebten uns und konnten es einander nicht sagen! Ich glaubte zu ersticken. Er war noch bleicher geworden und sah mich an. Plötzlich fand ich ihn weniger schön, fast grob mit seinen schwarzen Haaren, die wild aufwogten wie ein Helmbusch. Ich schämte mich vor ihrer animalischen Gewalt und wollte fliehen, aber er hielt meine Hand zurück und küsste sie. Seine Lippen brannten auf meiner Haut, dass ich aufschrie. Ich musterte meine Hand und staunte, dass nichts zu sehen war.

Ich hatte geglaubt, eine üppigheiße Blüte habe sich geöffnet. Christoph schaute mich immer noch an. In seinen kohlschwarzen Augen wurde die Iris gelb, und die Pupille verengte sich, bis sie mir nur noch als Schlitz erschien wie bei den Katzen. Ich verlor das Gefühl für Zeit und Raum, in der Ferne hörte ich Trommelklang ... Wir schwebten zu Boden und lagen ausgestreckt, schweigend, regungslos, wie zwei Jungverstorbene. Ich hielt die Augen geschlossen, und die Sonne brannte mir auf die Lider. Ich fühlte, dass sich Christoph auf den Ellbogen hob, und auch ich stützte mich auf. Unsere Gesichter näherten sich. Sie waren von einer seltsamen Schwere, ja, nun sanken sie abwärts, sanken aufeinander zu. Unsere Wangen streiften sich. Ein dunkler Schleier legte sich über uns. Einen Augenblick glichen unsere Köpfe zwei abgeschlagenen Köpfen, die man in einen Sack wirft, wo sie zusammenrollen und aneinander haften. Und dann war es, als würde aus ihnen ein neuer Leib geboren, ein riesenhafter Leib. Ich merkte, dass ich weinte.

«Weine nicht, weine nicht!», flehte er.

Aber über mich strömte der Fluss.

12. November
Jetzt gibt es Tage, an denen mich das Verlangen nach ihm so heftig packt, dass ich mich auseinandergerissen, gespalten fühle. Meine Arme, meine Beine werden länger und länger und umschließen die Welt, meine Augen sehen über die Berge hinaus … Ja, ich wachse ins Unermessliche vor Glück, aber ich bin taub und blind für alles außer Christoph und mir. Ich hatte keine Ahnung, was die Liebe für eine Gewalt hat. Sie ängstigt und verwirrt mich.

Christoph ist wieder fort, doch sein Gesicht naht sich dem meinen, und ich sehe es noch klarer als in Wirklichkeit. Manchmal suche ich *seinen Blick* in meinem Spiegel zu erhaschen. Aber es will mir nicht gelingen.

14. November

Sturmwind und Regen, aber es ist wieder mild, sogar warm für diese Zeit.

Meinen Hengst nicht vergessen! Er hatte sein Maß guten Hafers und wurde lange gestriegelt. Ich putzte den Stall gründlich. Eine Männerarbeit; und doch fühle ich unter meinen derben Kleidern mehr und mehr ein Frauenherz schlagen! Ich fürchte mich, zu weich zu werden, schwächlich … Doch mein Drang, zu lieben und geliebt zu werden, ist so ungestüm, dass er mir Riesenkraft verleiht. Ich werde alle Hindernisse besiegen.

Heute früh in der Messe sprach ich ein Dankgebet zu Gott. Das ist das einzige Gebet, zu dem ich imstande bin. Die andern gehen mir so auf die Nerven, dass mein Geist, kaum habe ich begonnen, abschweift und sich mit irgendetwas anderem beschäftigt, mit einer Erinnerung, einem Vorhaben, einem Sonnenstrahl, der durch das Kirchenfenster bricht, mit einer Maus, die durch das Querschiff beinelt (gerade heute Morgen war eine da). Ich dankte Gott, dass er mir diese Liebe gab, sie mich wiederfinden ließ, nachdem ich sie verloren geglaubt hatte. Aber ich stürze mich in sie mit einer solchen Hast und Blindheit, dass nicht abzusehen ist, wo das alles enden wird. Ich kann nicht an ein glückliches Leben glauben …

15. November

Christoph machte sich im Bienenhaus zu schaffen: «Ich habe heute alle Hände voll zu tun.» Er hatte ein besorgtes Gesicht, und da ich schweigend dastand, sagte er leise zu mir: «Komm …» Er musterte mich, finster und stolz, mehr seiner

Macht bewusst als ich der meinen. «Sie schlafen schon und regen sich nicht mehr …» Aber ich hatte keine Angst vor den Bienen. Ich schlüpfte durch eine enge Öffnung hinein. Er half mir und bemutterte mich mit Bewegungen, deren Gemächlichkeit mich erstaunte. Im Innern schimmerte das Holz rot von der durchscheinenden Sonne; es war erhitzt und duftete kräftig, und es war erfüllt von Geräuschen, von dumpfem Pochen, in das noch das Rauschen unseres Blutes einfiel. Ich lag nun auf dem Boden, eng an ihn geschmiegt, an jenen Körper, den ich so verzweifelt liebte. Und aus dem meinen hob sich ein Singen, wie von tausend Vögeln, von Laub und Blumen, eine schreckliche Lust, die mich durchflutete und überschwemmte, meinen Kopf einmummte und meine Augen mit immer dichterem Dunst verschleierte.

Ich hauchte: «Ich bin verloren …» Und die fast mädchenhafte Gestalt Christophs, der milchweiße Leib eines Studenten, wurde auf einmal zu herber Männlichkeit.

. . . .

Ja, ich lag verletzt und stöhnend im purpurnen Bienenhaus, das weiterbebte. Er war hinausgegangen und hatte mich allein gelassen. Ich tastete nach meinen Blue Jeans, die zerknüllt in einer Ecke lagen, und ich steckte sie als Knäuel zwischen meine Schenkel, um die Blutung zu stillen. Ich war behutsam, sparte meinen Atem und sank in dumpfes Dösen. Ich war *vergeben* und gehörte nun nicht mehr mir selbst.

Der Gedanke an Sünde verwirrte mich kaum. Nicht einen Augenblick lang hatte ich das Gefühl, ich hätte etwas Falsches getan. Was wir getan hatten, war gut. Böse wäre gewesen, es nicht zu tun.

Ich muss eingeschlafen sein, denn ich erwachte, als er mich

wieder zärtlich berührte. Christoph hatte sich im Bach ge-
kühlt, und sein eisiger Körper brachte mir wohltuende Frische. Er reichte mir auch eine Schale mit etwas Wasser und
Wein. Sachte hob er meinen Kopf und gab mir wie einer
Kranken zu trinken. Ich hob meine Augen, erfüllt von kind-
lichem Dankgefühl, zu ihm auf. Aus seinem Blick sprach ein
Ernst, der mich beunruhigte.

«Bist du nicht glücklich?», fragte ich. (Ich hatte gehört,
eine Jungfrau gebe einem Mann besonderes Glück.)

«Ich liebe dich allzusehr», sagte er.

Ich schloss die Augen wieder, seine Antwort gefiel mir.
«Wir müssen uns oft wieder treffen … und immer heimlich»,
fügte er bei.

Ich spürte, dass er sich fürchtete. Wovor? In diesem Augenblick hörten wir rufen.

«Meine Mutter!»

Christoph stürzte hinaus. Ich zog mich an und wartete.
Man hörte nichts mehr. Niemand kam. Vielleicht schlief ich
von neuem ein. Als ich erwachte, dämmerte schon der Abend,
es war kalt. Ich schwang mich aus dem Bienenhäuschen und
band den zitternden Brillant los. Ich hatte ihn vergessen!

19. November
Jetzt wache ich manchmal nachts auf und schwelge in dem
beklemmenden Glück: Jemand liebt mich, will mich. Ich
denke, was man uns alles vom Übel des Fleisches gesagt hat!
In der Kirche, in der Schule, zu Hause, in den Büchern, überall! Armes Fleisch, es wird hässlich, niedrig, verzerrt von
Schimpf und Schande. Man hat uns betrogen. Wenn ich einst

Kinder habe, werde ich es nie so herabmindern vor ihnen, niemals! Es gibt eine Sünde wider das Fleisch, aber uns erzählt man nur von Sünde des Fleisches.

Ja, ich habe einen Geliebten. Ich schäme mich nicht, es zu schreiben, ich bin stolz darauf. Bisweilen fürchte ich auch, mich allzusehr an ihn zu binden. Ich erkannte dies damals, als er wegging, an der tödlichen Wunde, die ich fühlte.

Warum war er nicht ins Bienenhaus zurückgekehrt? Wann würde ich ihn wiedersehen? Ich kann mich nicht mehr gedulden.

22. November

Ich ging hinüber. Ich zittere immer noch vor Erregung. Von weitem schon hörte ich Schreie und Schüsse. Der Alte gab eine Vorstellung ... Offensichtlich war er betrunken, er hatte eine Wut auf die Frauen und rächte sich mit Schüssen auf die Tauben. Als er mich sah, richtete er den Gewehrlauf auf mich. «Schieß doch, du Schwachkopf!», rief ich. Da zielte er auf die Wetterfahne und zerschoss ein Ei: Die Tauben waren alle tot ... Die Alte winkte mir von weitem, ich solle fliehen.

Ich bin am Verzweifeln.

24. November

Immer noch nichts von Christoph. Nicht das geringste Zeichen, nicht ein Hauch von Liebe. Das ist grausam wie der Tod. Was ist ihm geschehen? Liebt er mich nicht mehr? Nein, das kann nicht möglich sein.

Ach, ich schäme mich fast ein wenig, aber immer muss ich als erste den Anstoß geben. Nächsten Sonntag gehe ich hinüber. Meiner Mutter werde ich sagen, ich ginge zu meiner Kusine in S. Aber ich mache mir keine Illusionen: Zuletzt erfährt sie dann doch alles. Dann werde ich ihr erklären, dass ich Christophs Frau sein will, die Frau fürs Leben. Ich gehöre ihm. Er gehört mir. Und wenn das meiner Mutter nicht gefällt, so ziehe ich aus und suche in S. eine Stelle. Fünf Tage noch, und ich weiß, was tun.

29. November

Nun weiß ich es. Ich frage mich, wie ich noch leben kann nach alledem. Ich fürchte, ich halte nicht durch. Mir geschieht das Ungehörigste, das nie wieder gutzumachen ist. Ausgerechnet mir, die mit Recht an die Unschuld der Liebe geglaubt hatte … Es musste sein, dass ich, zur gleichen Zeit wie das Wunder, auch Schuld und Elend entdeckte. Umso entsetzlicher! Ich leide.

Ich klopfte an die Tür und hörte in mir das geheimnisvollsanfte: *Klopfet an, und euch wird aufgetan.* Doch für welche Enthüllung sollte man mir auftun! Christophs Mutter öffnete mir mit einem seltsamen Gekicher: «Ach, Sie sind wieder da!»

«Ja …», sagte ich und verbarg meine Unruhe in einem freundlichen Lächeln.

«Sie», fuhr sie entrüstet fort, «Sie haben es gut dort oben: den ganzen Winter lang Sonne … Warum kommen Sie immer wieder in diesen abscheulichen kalten Wald?»

«Ich habe ihn gern, er ist prachtvoll, sogar jetzt!»

«Tja, ja …» Sie maß mich mit einem spöttischen, überheblichen Blick. «Es gibt noch andere Dinge als den Wald … Das ist nicht gut für junge Mädchen. Besonders für Sie nicht …»

Ich hielt ihrem Blick stand. Worauf will sie bloß hinaus?, fragte ich mich bange.

«Sie reiten aus, arbeiten nichts. Sie sind reich … Und ohne Sorgen! In Ihrem Alter hatte ich ein anderes Leben: im Wirtshaus schuften, wo ich war, servieren, schlecht essen. Und eines Tages …»

Sie musterte mich nun mit demütigem, fast zärtlichem Grimm. Ich blieb stumm. Sie schickte sich an, mir Dinge zu sagen, die ich nicht zu erraten wagte.

«Zu jener Zeit habe ich Ihren Vater gut gekannt.» Sie schaute mich an, verlegen und frohlockend zugleich.

«Ich war die Freundin Ihres Vaters …»

«Ah! …», sagte ich gleichmütig, aber mit der einen Hand suchte ich einen Halt. Ich hatte das Gefühl, ich falle in einen dunklen Schlund.

Sie verdeutlichte: «Die Geliebte Ihres Vaters. Oh, welch ein Mann! Er hat zehntausend Franken gegeben. Alles für Christoph, damit er Anwalt wird … wie er. Doch ich, ich war nicht gut genug für Ihren Vater.»

Ich war so betäubt, dass ich noch keinen Schmerz fühlte. Sie fuhr fort: «Mein Patron war missgünstig, er hat mich fortgejagt …» Und stets das Gefühl, zu fallen, ins Bodenlose zu fallen. Aber ich wehrte mich. Ich klammerte mich an das Leben, an den Geruch dieser Küche, an den Geruch von Christophs Heim, an das Leuchten im Fensterchen. Die Worte, die ich hörte, waren sie wirklich? Das einzig Wirkliche war: der Geruch in der Küche, die Sonne, meine Liebe. Vielleicht

glaubte sie, ich hätte nicht begriffen, oder fand sie Vergnügen, mich weiter zu quälen?

«Haben Sie nicht bemerkt?», zischte sie. «Haben Sie nicht
bemerkt: Sie haben die gleichen Augen wie er.» Sie hängte
einen Spiegel ab, der der Länge nach gesprungen war. «Haben
Sie nicht bemerkt?»

«Nein! Nein!»

Ich stieß sie weg. Ich war wie erschlagen, zerschmettert
unten im Schlund. Aber da öffneten sich unsere Augen: Sie
waren sich gleich.

«Nicht dieselbe Farbe …», gab sie zu. «Seine schwarz, die
Ihren grau. Doch dieselbe längliche Form, derselbe Ausdruck.
Ja, es ist besser fürs Gemüt, Sie kommen nicht mehr, nie
mehr.»

Sie hätte noch lange geredet und nicht mehr aufgehört. Ich
floh und ließ mich auf Brillant fallen, der mich heimbrachte,
fast ohne dass ich es merkte. Und ich dachte an die Toten, die
man früher über die Maultiere legte, um sie auf den Berg zu
bringen, und die man des Nachts vorbeiziehen sah.

Der Tod des Kindes

Es ist nicht mehr Herbst, und Winter ist es noch nicht, in dieser Zeit des Jahres, wo das Land zögert am Scheideweg zwischen Leben und Tod. Einem Tod, der einer Geburt gleicht. Der Föhn der vergangenen Woche hat alles Laub weggefegt; es häuft sich in Straßengräben, Wasserleiten und Büschen. Das Gras ist erbleicht. Auf den Berghöhen liegt zarter Schnee; er fällt an manchen Tagen bis weit in die Niederungen, fast bis zu den Rebbergen, die heute grau sind und auch etwas rostbraun von den Schossen. Die nackte Erde an den Hängen und die immer noch grünenden Grasflecken lassen das Land wie im März erscheinen. Man hat sogar Grillen zirpen gehört, ein Himmelsschlüsselchen ist aufgeblüht.

Über dem Land herrscht großes Schweigen, eine Art von reglosem Abwarten, eine befremdliche Stille. Das milde Wetter mag eine Woche dauern, manchmal länger: von Mitte November bis Anfang Dezember. Das Martinisömmerchen.

An jenem Tag wollten sich im Herzen der Stadt die Blüten einer Fliederrispe öffnen. An jenem Tag wurde der kleine Bernhard getötet.

Gerade an jenem Morgen war seine Mutter endlich wieder glücklich. Von nun an geht alles leichter, dachte sie, obwohl wir schmal durchmüssen und immer rechnen, damit wir keinen Rappen zu viel ausgeben, trotz der Sorge des Tages und dem Gram ohne Hoffnung, den uns der andere Junge bereitet, der ältere, der im Spital liegt … In jedem Leben kommen solche Ruhepausen, solche Martinisömmerchen, und plötzlich, man weiß nicht wie, mildern sich die Leiden. Für eine Weile. Man weiß, es dauert nicht an, und doch ist es gut, sich zu wärmen in der späten Sonne, sich zu sagen, dass man sich liebt, wie sie und ihr Mann, ja, dass man sich besser versteht als früher, besser als in den ersten Jahren der Ehe.

Und er, als er sich an jenem Morgen auf den Weg zur Fabrik machte, dachte er, er habe sich schon lange nicht mehr so wohlgefühlt. Wie gut war die Luft zu atmen, noch nicht allzu kalt, ja sogar weniger kalt als in den ersten Oktoberfrösten. Der Mann, der Vater, füllte sich die Brust, die breite, die Brust eines starken Mannes, der schaffen kann. Nicht nur ein Ding versteht, sondern vieles, und alles gelingt in seinen Händen. Die Arbeit in der Fabrik und die Arbeit in den Reben. Da die Feilspäne, schmutziges Öl, das Gewirr von Stromkabeln; und dort die schöne Erde, das Gestein. Das Gestein, ja, denn hier im Land kommen auf eine Erdscholle zwei Steine. Doch mit den Steinen stapelt man Mauern, baut man sein Haus. Und jetzt, da er es gebaut hat, sein kleines Haus, jetzt wird er den Garten darum machen. Letzte Woche hat er Bäume gepflanzt; manchmal dachte er – zum Lachen – über den großen Gruben: Du gräbst dein Grab! Er schaute in die Tiefe, wo die Erde stets dunkler ist, fast schwarz, derweil sie oben so hell ist: ein trockenes Land, in dem wir leben. Er dachte: Und doch wirst du einst da drin sein, da unten in der Tiefe. Und er hat gelacht, weil er sich so stark und gesund fühlt. In die Gruben hat er Bäume gesetzt, die Frucht tragen werden.

Und an jenem Morgen, als er sich auf den Weg zur Fabrik machte, dachte er an seine Äpfel, seine Aprikosen, seine Pfirsiche. Er ging die Straße hinab, denn er wohnt am Talhang zwischen einem Bauerndorf und einer kleinen Stadt, die höher und höher klettert und die letzten Häuschen aus Holz und Stein allmählich verdrängt. Aus einem der Häuschen kommt eben eine große, rotbraune Katze mit dickem Kopf. Sie sieht aus wie ein Löwe, ein richtiger junger Löwe.

Der Vater sah noch vor sich auf der Straße seinen Sohn, der in die Schule ging. Er war vor ihm aufgebrochen, bald würde er ihn einholen. Er sah seinen Blondschopf über dem braunen Pullover, den man seitlich auf der Schulter knöpft, seinen Schopf so blond wie der Gimmel dort oben über dem Rücken des kalten Berges. Er leuchtet, der Blondkopf seines Sohnes, wie der Himmel, an dem die Sonne aufgeht. Bernhard ist auch ein Löwe, mein kleiner Löwe. Er weiß sich zu wehren, wenn's sein muss, auch gegen größere Knaben als er. Und seine Kühnheit gefällt mir, denn der andere, ältere, braucht die ganze Kraft der Familie zum Leben und wird doch immer nur halbbatzig leben können.

Eine neue Autostraße schneidet den Weg, den die beiden gehen. Eine Kreuzung, die der Junge eilends überquert, wie alle Kinder auf dem Schulweg, wenn sie sich zu verspäten fürchten. Bernhard hat seinem Freund Albert zugewinkt. Vielleicht hat er darum das Auto nicht kommen sehen, aber der Mann im schnellen Wagen, hat er das Kind gesehen?

Der Vater schaut von weitem zu. Er hat nicht begriffen, nicht glauben können, dass es wahr sei. Und das Gekreisch der Bremsen, das ihm wie ein Säbelhieb durch die Brust schlägt, er hofft noch, das gehe ihn nichts an. Und doch ist es passiert, er musste es erkennen. Der Himmel wurde dunkel und stürzte über ihn.

Man musste sie beide auflesen, das angefahrene Kind und weiter oben den Mann, der zugesehen hatte.

«Es ist der Vater», sagten die Leute. «Er hat es nicht ertragen können.»

Man brachte beide ins Spital: das tote Kind und den bewusstlosen Mann. Und just in jenem Augenblick öffnete die Mutter im Häuschen über der Stadt das Fenster und lächelte: «Man könnte meinen, es sei Frühling.»

Die Totenwache

Die junge Frau liegt in einem der beiden Elternbetten. Betten aus gelbem Holz, fast wie Kinderbetten, in einem rosigroten, kahlen Zimmer, das nach frischer Farbe riecht.

Sie hat solche Schmerzen im Rücken, dass sie sich nicht mehr bewegen kann, und auch wenn sie sich nicht bewegt, spürt sie den heftigen Schmerz immer noch. Zum ersten Mal versteht sie die Worte; an das Bett gefesselt sein.

Gestern war sie mit dem jüngeren Sohn auf der Straße den Rebhang hinuntergeschlittelt. Der feine Pulverschnee spritzte auf der Schussfahrt und netzte ihr die Füße, die Beine, die in den allzu dünnen Gummistiefeln schlecht geschützt waren. Sie saß auf den harten Holzleisten des flachen Schlittens, mit Mühe nur konnte sie die Beine anwinkeln und heraufziehen. Plötzlich hatte sie sich starr gefühlt und alt, und heute Morgen konnte sie nicht mehr aufstehen.

Immer mehr schmerzt sie der Rücken. Und seit Stunden, so scheint ihr, ist niemand in ihr Zimmer heraufgekommen, und wenn sie ruft, antwortet niemand. Sie hat heute Morgen ihren Mann, der Weinbauer ist, gebeten, ihr in der Dorfapotheke ein Mittel gegen das Übel zu holen, aber sie hat ihn nicht wiedergesehen.

Ihre Jungen sind in der Schule, und Luisa, das italienische Dienstmädchen, das ihr Parfum nimmt, wenn Madame ausgeht, und das Wasser ins Fläschchen nachfüllt – wodurch der Inhalt eine dämmrige Farbe annimmt –, ist wahrscheinlich zum Tratschen in den Spezereiladen gegangen, oder kehrt sie mit ärgerlichen Besenstreichen vor der Küche? Letztes Jahr, das andere italienische Dienstmädchen, das war viel netter und fröhlicher, mit wunderschönen Augen und heiserer Stimme (ein Doktor hatte ihr ein Stimmband durchgeschnitten, als er die Mandeln operierte), aber es ist fort und hat geheiratet.

Er kommt immer noch nicht mit dem Mittel! Und ihr tut es immer mehr weh.

Etwas Schweiß perlt an den Augenbrauen, und ihre Hände kribbeln unter der Decke, als ob sie dicke Sommerfliegen umschlössen. Sie geizt mit dem Atem, damit sich der Körper so wenig wie möglich bewegt, sie geizt auch mit Gedanken, damit sie weniger leidet, und manchmal drehen sich ihre Augen zum Fenster. Dort sieht man das Blau, ein Blau mit weißem und goldenem Licht, lauter und rein, und zeitweilig stellt sie sich vor, sie trinke es, wie den zarten, vergeistigten Arvine-Wein, den Stolz ihres Gatten. Ein Schluck, das tut gut, aber die Lust am Himmelstrank, die sie so oft verspürte, macht sie heute nur traurig, schwermütig trunken.

Nicht dass sie für Schmerzen überempfindlich wäre. Sie hat allerhand Schmerzen ertragen, recht gut, vor allem bei den vier Geburten zum Beispiel.

Aber ihr Mann kam und kam nicht zurück. War er das Mittel holen gegangen? Sie rief, sie schrie. Dann wollte sie nicht mehr schreien noch rufen: das schmerzte sie zu sehr. Sie presste die Lippen aufeinander und drehte den Kopf zur Wand. Ein Schrank war in der Wand, rosigrot gestrichen wie das übrige Zimmer. Sie schloss die Augen.

Verlassen war sie, ja, verlassen von allen. Hätte sie wenigstens schlafen können! Aber sie hatte zu starke Schmerzen, um schlafen zu können. Und niemand denkt mehr an sie. Nun schien ihr, sie sei verstoßen, weit weg, sie sei vergessen, und mehr und mehr schien ihr, das rosigrote Zimmerchen mit den aneinandergeschobenen Betten und dem engen Gang … sie selbst und das Zimmerchen entschwebten weit weg und sänken hinunter in die Tiefe, wo die Toten sind. In die Geschosse unter dem Boden, die Kellergewölbe auf der Schattenseite, wo man in den Spitälern die Leichen hinlegt, wo sie die letzte Nacht darauf warten, dass man sie identifiziert oder abholt für den Friedhof.

Und sie sah die Leichenwächterin ihres Städtchens wieder. Ja, die Leichenwächterin, die im Paradiesviertel wohnte, aber zur Totenwache in die ganze Stadt ging. Man liebte und schätzte sie, denn sie war eine sanfte Alte, etwas einfältig, aber gutmütig, immer sauber, noch nach der Mode ihrer Jugend gekleidet – und die musste vom anderen Jahrhundert sein –, mit einer schwarzen Überbluse, einem Faltenjupe mit samtenem Saum und Puffärmeln aus weißem Linnen, mit einem putzigen Seidentüchlein um den Hals geknotet, mit dem Schlips, damit die Toten lächeln sollten, damit die Weinenden getröstet würden, und mit verrunzelten Händen, die so gut die Totenkerzen anzuzünden und zu beten wussten, wenn sich in der Nacht im Zimmer nichts mehr bewegte außer den Perlen des Rosenkranzes, die langsam durch die Hände rinnen wie ein schwarzer Quell.

Und wenn das Gefühl, plötzlich von den Lebenden entrückt, ja von ihnen verstoßen zu sein, die junge Frau mit Angst erfüllt hatte, so tröstete sie nun, dass die Totenwächterin still und schwermütig zu ihren Häupten stand. Und langsam, wie die schwarzen Perlen, nur waren sie durchsichtig, liefen Tränen über ihre Wangen und tropften dröhnend auf das Kopfkissen. Sie weinte über die junge Frau, die von aller Welt vergessen war, über die junge Frau, die ihre Jugend zu verlieren begann und die man schon beiseitegeschoben hatte. In die Gesellschaft derjenigen, welchen die Sonne nie mehr scheint und der Himmel nie mehr blaut.

Die Tür ging auf, leiser als das Tropfen der Tränen auf dem Kissenanzug.

Es war ihr Mann: «Aber was ist denn mit dir?» Er lächelte erstaunt.

«Die Mittel …», sagte sie, ohne Blick auf ihn.

«Ja, richtig, entschuldige, fast hätte ich's vergessen.»

«Aber ich habe Schmerzen, ich habe gerufen, niemand kommt, und …» Sie vergrub den Kopf im Kissen und spürte mit Unbehagen, dass es ganz feucht war.

«Höre, ich hol sie dir gleich, heute Nachmittag. Den ganzen Vormittag hatte ich im Keller zu tun. Und Luisa musste mir bei Oskar ein Fässchen abholen.»

Aber sie wollte nicht auf ihn hören, sie schwebte aus einer seltsamen Unterwelt herauf. Er, nein, er wusste nicht, woher sie zurückkam.

Das kleine Mädchen und das Tier

Das Fräulein in der Eingangshalle des Instituts Benjamenta, das Tag und Nacht mit seinem Strickzeug beschäftigt war und das Kommen und Gehen überwachte, ließ eine Stricknadel unter den Tisch fallen. Sie bückte sich und sah nichts. Die Nadel war in den Fugen des Lärchenbodens verschwunden. Das Fräulein erhob sich vom Sessel und kauerte nieder, um sie mit der zweiten Nadel, die sie aus den Maschen gelöst hatte, aus dem Versteck herauszufischen. Das war der Moment, den das kleine Mädchen wählte, um sich hinauszuschleichen. Leise schloss es die Tür hinter sich.

Das Tal lag bereits im Schatten. Das kleine Mädchen bog zunächst in eine Gasse ein, die, mit einer dicken Eisschicht bedeckt, furchtbar schlüpfrig war. Es musste auch auf allen vieren kriechen, aber es trug mächtige Wollhandschuhe und Stiefel aus Seehundfell.

Bald kam es in die Holzgasse. Ach, gibt es wohl ihresgleichen auf der Erde? Eine Gasse aus hohen Holzstößen; Holz, verbrannt von Frost und Sonnenhitze, den knisternden Flammen bestimmt? Aus Spalten und Scheiten, Trämeln und Balken? Sie waren aufgestapelt bis unter die Fenster im ersten Stock, und das kleine Mädchen schaute zu der Anhäufung von rosigen Halbmonden, roten Halbmonden und fahlgelben Dreiecken. Das Barockfries, eingeschnitzt in die Hausfassade, war fast ganz verdeckt. Zwischen zwei Holzhäusern öffnete sich da und dort ein enger Durchgang, stockdunkel, doch plötzlich erhellt vom weißen Geschirr eines Schlittengespanns.

Aus wie manchen Wäldern kommt das Holz dieser Gasse? Aus uralten Wäldern wohl, durch die einst Bären und Luchse streiften, gejagt von Männern, die sie mit ihren Pfeilen erlegten. Zwei oder drei Waffen sieht man in einer Vitrine des Instituts Benjamenta, man fand sie auf einem Gletscher, etwas verbogen, geknickt, doch immer noch glatt an jenen Stellen, wo die Hand hingriff. So denkt die Kleine nach der Flucht aus dem Institut Benjamenta, das unten am Dorf steht, ganz aus Beton und gelblackiertem Holz. Sie ist acht Jahre alt und ihre Haut so zart, dass ihr ihre Mutter aus Paris Crème für das Gesicht geschickt hat. Die Haut ist schon golden, mit rötlichen Tupfen, und die grauen Augen erscheinen nun noch grauer. Unter dem Käppchen quillt langes Haar hervor, das über die Schultern fällt wie eine Pelerine. «Wir werden Zöpfe machen», hat die Frau Direktor gesagt, «und sie werden den Butterzöpfen gleichen, die man sonntags auftischt.» Aber das kleine Mädchen hat nein gesagt, und man hat die Haare in Ruhe gelassen.

Für die ersten Tage hat man ihr einen Schlitten gegeben, denn sie kann noch nicht Ski fahren. Und sie ist andern Kindern, jüngeren als sie, gefolgt. Sie gingen über die Brücke eines Flusses mit tiefdunklem Wasser, beäugt von einem Sperber, und der Schnee glänzte. Man schlittelte am Hang, aber sie langweilte sich mit diesen Knirpsen, die in allerhand unverständlichen Sprachen durcheinanderschrien.

Sie sah auf einmal die Maskierten. Zuerst einen. Er lief durch die Straße, bemerkte das kleine Mädchen und verbarg sich im Winkel einer Scheune. Er hat einen gelben Stock. Mit der andern Hand hält er die Holzmaske am Kinn. Eine Kuhglocke bammelte am Lederhalsband über dem Schaffell. Die Kleine tritt näher, aber er enteilt von neuem, und die Glocke bimmelt. Sie sieht die blonde Perücke aus Ziegenfell flattern, die Beine und Füße mit Lumpen umwickelt. Sie wartet auf der andern Seite an einer Hausecke, sie will das Gesicht mit den beiden Reihen buntbemalter Zähne noch einmal sehen. Da ist er wieder! Sie lacht, sie fürchtet sich nicht. Aber er kehrt ihr den Rücken und rennt wieder davon.

«Er fürchtet sich vor mir …», sagt das kleine Mädchen. Es trifft einen zweiten Maskierten. Er sieht noch böser aus, sein Gesicht aus Arvenholz ist noch größer; mit einer langen Bogennase und runden weißen Augen, mit richtigen Kuhzähnen in dem bis zu den Ohren aufgerissenen Maul. Auch er hält das Kinn mit den Wollfäustlingen und tanzt, damit die große Glocke auf dem Rücken schellt. Er hat einen Höcker, doch unter dem Schaffell sieht man den alten Regenmantel und den losen Gürtel herabhängen, er hat Stiefel an.

Die Kleine hat alles aufmerksam angeschaut, sie spürt ein wenig Angst, denn plötzlich beginnt er im Schnee aufzuspringen, und sein Kopfputz aus Dachsfell lüftet sich und klatscht nieder. Er ist nicht schüchtern wie der erste, er tanzt vor dem Mädchen, und dieses steht da und schaut. Doch plötzlich scheint er entmutigt zu sein, er geht langsam die vereisten Stufen hinauf. Sie geht ihm nach. Schneeflocken wiegen sich in der Luft, sie streckt die Zunge heraus, und schließlich legen sie sich drauf. Sie kostet genießerisch: «Ah! Gut!»

Nur mit Mühe kann sie dem Verkleideten folgen, aber sie verliert ihn nicht aus den Augen, es ist ihr Maskenmann, und sie wird böse, wenn andere Kinder auf die Scheunenböden klettern, um ihn zu sehen. Sie möchte allein sein mit ihm, auch wenn sie sich fürchtet. Wie er sich umkehrt, sie anschaut und mit einem seltsamen Schrei vorbeugt, bleibt das Kind stehen. Verschwunden, in einen Stall enteilt!

Sie stößt die Türhälfte auf, die sich in warmes Dunkel öffnet, in eine übelriechende, süßliche Luft. Der Verkleidete steht vor ihr, er nimmt die riesige Holzmaske ab und entblößt das Gesicht: ein hübscher Bursch mit gutmütigen blauen Augen, die leicht schielen, ein Mund fast wie eine Wunde.

«Wie alt bist du?», fragt sie.

«Achtzehn.»

Er hat die Maske abgelegt und streift nun die Tierfelle ab, dann den Mantel, und sie sieht, dass er einen Sack Heu als Höcker umgebunden hat, und an seiner entblößten Hand sieht sie einen Ring, ziseliert, aus unechtem Silber.

«Ich muss die Kuh melken», sagt er.

Und er hängt all die Kleider an einen Nagel. Er behält einen dicken Wollpullover an und Zwilchhosen, und er setzt sich auf ein komisches Stühlchen mit einem einzigen Bein.

«Ist es deine Kuh?»

«Nein, sie gehört meiner Tante. Ich komme nur im Winter hier herauf. Im Frühling gehe ich hinunter in die Ebene, zu den Welschen, und dort arbeite ich als Gärtner.» Er lächelt ihr zu, und unter seinen Augen bilden sich hübsche Fältchen.

«Verkleidest du dich häufig?»

«Ja, wenn ich Zeit habe. Aber hier werden die Leute faul:

sie ziehen die Masken nicht mehr oft an. Es mache sie müde, sagen sie.»

«Sind sie schwer?»

«Ja, ziemlich schwer.»

«Ich möchte noch andere Masken sehen.»

«Bald kommen sie dort herunter!», sagt er und zeigt hinauf zum Wald, der nun schwarz ist. «Aber ich muss melken.» Er drückt den Kopf in die Flanke der Kuh und zieht am Euter, aus dem es weiß in den Eimer spritzt.

«Willst du Milch? Nimm eine Tasse!» Er weist ihr einen Aluminiumnapf, an einem Nagel neben dem Maskenzeugs, und füllt ihn für das Kind.

«Sie ist süß», sagt das kleine Mädchen. «Und es hat kein Häutchen drauf. Auf der Milch im Institut ist immer ein Häutchen.»

«Haben sie dir erlaubt, ins Dorf zu gehen?», fragt der junge Mann erstaunt.

«Ja, um die Masken zu sehen.»

«Dann geh schnell, bevor's dunkel wird, hinunter auf den Platz. Sie kommen bestimmt dorthin.»

Sie rannte die Stufen des Gässchens hinab und gelangte wieder in die Hauptgasse, der sie eine Weile folgte. Die Gasse war fast leer. Nur einige Burschen saßen zigarettenrauchend hoch auf den Schlitten, die an der Mauer standen. Sie warten auf die Masken …, dachte sie. Eine Frau, die am Brunnen Wasser holte, schaute sie forschend an.

Sie hob den Kopf und sah Verkleidete kommen. Sie waren zu dritt! Sie hielt den Atem an: eine rote Maske! Die beiden Begleiter gleichen jenen, die sie schon in der Stadt gesehen hat, aber der in der Mitte hat ein riesiges rotes Gesicht und ein Bocksfell am Leib, schwarz-weiß, mit langen Strähnen, und er hat keine Glocke. Er ist dicht neben ihr, er bückt sich …

Das Mädchen versuchte die Augen zu sehen, aber in den beiden winzigen Luken war nichts. Vielleicht guckte der Maskenmann durch die beiden Löcher unter der Nase? Durch die Nasenlöcher, groß wie Schießscharten; aber auch da sah sie nichts. Der Maskierte muss sein hölzernes Kinn nicht festhalten; seine Hände, die aus den Ärmeln einer umgewendeten Jacke mit zerrissenem Futter herausschauen, sind frei. Er streckt ihr die eine hin und knurrt leise. Sie erschrickt vor der mächtigen Pranke in der Lumpenhülle. Sie weicht zurück. «Nein», sagt sie.

Aber er streckt die Hand immer noch vor, und sie merkt, dass er sie grüßen will. Da reicht sie ihm die ihre: «Schön bist du, schön!»

Er machte eine Verbeugung, dann breitete er die Arme aus und seufzte.

«Schön», wiederholte das Kind.

Es hob den Finger, um seine Nase zu berühren, die blutigrote Hakennase. Er bückte sich wieder. Sie war bezaubert von dieser Nase.

Die beiden Begleiter schlugen derweilen ihre Stöcke aufeinander und wackelten mit den Köpfen, die klein schienen auf den langen, hageren Körpern in stahlgrauen Regenmänteln und dunkelroten Trainern. Auf ihren Pappmasken aus einem Bazar im Tal strahlte ein dümmliches Lächeln, dessen peinliche Starre auf den rastlosen Gestalten besonders auffällig wirkte.

Aber das Mädchen achtete nicht auf das Winken und Rufen der beiden Hampelmänner. Es hatte nur Augen für den roten Maskierten. Der machte eine zweite Verbeugung vor ihr, drehte ihr dann jäh den Rücken zu, stand stockstill und beobachtete die Straße, durch die sie gekommen waren.

Erst jetzt schaute sie die beiden andern an. Sie wirbelten im Kreis herum, fielen in den Schnee, standen wieder auf und kreuzten krachend ihre Stecken. Ihre dummdreisten Gesichter starrten unbewegt in bedrohlicher Einfalt. Sie ging wieder zum Rotmaskierten.

Er schaute immer noch die Straße hinauf. Sie sah, dass er schwarze Manchesterhosen und Nagelschuhe trug. Da kam ein junges Mädchen, das einer alten Frau den Arm gab. Der Rotmaskierte stürzte los und schwenkte den dreckigen Wollhandschuh. Das junge Mädchen schrie und suchte sich hinter der Alten zu verbergen, ihre Wange war mit einem leichten Rußschlenker beschmiert. Er kehrte sich wieder der Kleinen zu und stieß ein dumpfes Grunzen aus. Sie bewunderte das unbändige Gesicht, voll Entzücken über das gespielt unterwürfige Zeremoniell. Er zeigte auf den Boden und zeichnete mit dem Finger einen kleinen Kreis durch die Luft.

«Ja», sagte sie.

Er nahm sie an der Hand, und sie gingen die Straße hinauf. Sie war vereist und schillerte im Schein einer Straßenlaterne, die eben an einer Hausfassade aufgeleuchtet war.

Die beiden andern Maskierten blickten ihnen enttäuscht nach. Sie überquerten den Platz und verschwanden in einem kleinen Wirtshaus.

Der Mann mit der roten Maske ging mit dem Mädchen immer weiter die Straße hinauf, und es hatte seinen Spaß, wenn es auf dem Eis ausrutschte. Er hielt sie fest (er war ja so stark), er zog sie sogar in die Höhe, und dann berührte sie kaum mehr den Boden, mit der Stiefelspitze streifte sie vielleicht noch ein Häufchen Schnee.

«Ich fliege», rief sie, «ich bin ein Engel.»

Nun sind die beiden bei einem dreistöckigen Haus angelangt, und sie steigen noch eine Holztreppe hinauf. Sie kommen in einen Saal. Da spielt ein Akkordeon, Paare drehen sich im Tanz, und wenn die Musik aufhört, setzen sie sich alle auf die Bänke an der Wand, die Mädchen auf der einen Seite, die Burschen auf der andern. Der Rotmaskierte steht mit dem kleinen Mädchen mitten im Saal. Die Handorgel hat falsch gedudelt; sie beginnt nun noch rascher zu spielen, und alle kreisen wieder und stampfen mit den Absätzen auf den Boden.

Dann hat sie sich emporgehoben gefühlt, ihr Kopf hat eine Girlande aus Papierblumen gestreift: Sie ist etwas abwärtsgeschwebt, und er hat sie gegen sein derbes Bocksfell gedrückt. Sie hat darunter das richtige Kinn und den Halsansatz gesehen. Eine rosige, jugendfrische Haut, erhitzt, erregt, mit leichtem rotem Flaum bedeckt. Doch der Walzer ist zu Ende. Der Handörgeler hat Durst! Der Mann mit der Kanne bringt ihm zu trinken und nähert sich dann mit einem andern Glas dem Rotmaskierten. Dieser hat zuerst nein gesagt, doch der Schankbursche lässt sich nicht abweisen, und so nimmt er das Glas und hält es dem kleinen Mädchen an die Lippen. Es trinkt. Er nimmt das Glas wieder, kehrt sich zur Wand; er hebt das schwere Holzgesicht und leert den Becher mit einem Zug.

Wieder auf der Straße; und jetzt ist es Nacht. Er hält sie immer noch an der Hand. Sie zieht ihr Käppchen ab und lässt es im Schnee am Straßenrand liegen. Er lacht. Er prallt an ein schwarzes Häuschen, klopft die Nagelschuhe ab und geht mit dem kleinen Mädchen hinein. Eine langgewachsene Greisin, das Gesicht halb versteckt hinter einem violetten Fransentuch, sitzt an der Feuerstelle.

«Du bist es? Wen bringst du da?» Sie sagt es in einer Sprache, die das kleine Mädchen nicht versteht, und starrt es an mit ihren stechenden Augen, die nicht mehr gut sehen. Aus ihren dampfenden Röcken steigt Schweißgeruch. «Eines vom Institut?»

Der Maskierte antwortete nicht.

«Bring sie schleunigst dorthin zurück, wo sie herkommt! Beeil dich, du Tölpel!»

Mit der Hand scheucht sie die beiden weg. Der Maskierte hält das Kind fester, er rührt sich nicht vom Fleck. Seine Mutter misst ihn von Kopf bis Fuß. Eine Weile ist es still. Dann tritt sie näher, um die Kleine wegzunehmen, aber zusammen eilen sie weg.

Sie gehen auf einem verschneiten Weg aus dem Dorf. Schneeflocken beginnen wieder zu fallen. Man sieht sie nicht, doch auf den Wangen, auf der Nase spürt man ihr kaltes Streicheln.

Sie sind lange gegangen, gegangen ist er, denn er hat sie getragen in den Armen. Sie wollte ihm danken und ihm ein Küsschen geben, doch wohin? Auf die Backen aus Holz? Sie lässt es bleiben und schläft ein.

Sie ist erst erwacht, als er sie auf das Heu gelegt hat. Sie atmete eine drückende schwere Luft: «Es riecht nach Sommer. Ist das dein Haus?»

Aber er singt im Dunkeln leise vor sich hin, er summt ein Lied ohne Worte. Er wühlt im Heu und gräbt eine Mulde, in die er eine Decke breitet.

«Was machst du?»

Er trällert immer noch. Bald traurig, bald froh und dann wieder traurig. Und auf einmal hat er sie gepackt und rollt mit ihr in das Loch.

«Du hast mir wehgetan!», sagt das kleine Mädchen.

Er legt sich auf sie, umfängt sie mit seinen mütterlichen Händen, wickelt sie in einen Deckenzipfel. Es geht ihr besser, ja ausgezeichnet. Er hebt die Arme und zieht ein Dach aus dürrem Gras über sich und das Mädchen.

Doch woher kommt der heiße Wind, der über sie streicht? Der Atem, der nach Wein riecht? Sie weiß nicht mehr, woran sie ist: Die rote Maske atmet nicht … Sie versucht sie zu berühren und berührt ein lebendiges Gesicht. «Oh!», sagt sie, «das bist nicht mehr du.»

Von neuem knurrt er kläglich. Sie berührt den klagenden Mund, die Zähne, Menschenzähne.

«Ich kenne dich nicht.»

Aber er hat sie an seine Brust gedrückt, und sie hat das Bocksfell wiedererkannt, das ihr in Augen und Nasenlöcher sticht. Und er hat das Haar der Kleinen genommen, hat es hochgehoben und sich damit das Gesicht verdeckt. Und so ist er einen Moment lang geblieben, dann hat er wieder zu stöhnen begonnen.

Er schiebt zwei Finger über den Nacken der Kleinen, zwischen das Leibchen und die Schulterblätter (die man auch Engelsflügelchen nennt).

«Aber du kitzelst mich ja!» Sie lacht und windet sich. «Mir ist zu heiß!»

Er hilft ihr, den Pullover auszuziehen, er beginnt am Reißverschluß ihrer Skihose zu zerren. Aber er ist ungeschickt, und die Kleine will sie nicht ausziehen. Dann verstummt er und küsst die Wangen, die Schultern des kleinen Mädchens. Sie staunt über die spröden Lippen, die auf ihr kratzen ohne wehzutun. Aber sie wendet sich weg: «Du riechst schlecht!» Und: «Wo hast du die rote Maske hingetan?»

Die Hände gleiten den Rücken hinab (und der Gürtel spannt ihr am Bauch), wie ein Tier, das auf ihren Hintern kriecht, ein wunderliches Tier. Sie lacht wieder. Aber dann schreit sie: «Lass mich!»

Der Gürtel schneidet ihr immer mehr in den Bauch, mit einem Ruck reißt sie sich los. Die Hand lässt ab von ihr, aber der Mann, der unter ihr liegt, röchelt, als wäre er am Ersticken.

Sie hat Angst. Was ist los mit ihm? Er schüttelt sich, und ist er jetzt tot? Sie fürchtet, sie müsse auch sterben.

Schließlich ist sie eingeschlafen, und er auch, denn er schnarcht. Wo ist sie? Durch die Heuhalme dringt graues Licht.

In diesem Augenblick hörte sie läuten, immer im selben Ton. Der Mann neben ihr richtete sich auf. Er lauschte.

«Was ist?», fragte die Kleine. Sie erkannte neben sich eine dürre Blume, eine Skabiose, immer noch malvenfarbig, und gleichzeitig schaute sie den Mann an. Sie kannte ihn nicht. Sie sah ihn im Profil, mit den rötlichen Haaren, dem Milchgesicht.

Er kehrte den Kopf ihr zu, und sie erstarrte vor Angst: Der Mann hatte nur ein Auge. Er stand auf und wollte fliehen, aber seine Beine sanken im Heu ein. Er schaute sie merkwürdig an mit seinem einzigen Auge und sagte nichts. Die Kleine wollte schreien, doch sie schluckte den Speichel und fühlte auf einmal Schmerzen im Hals. Das Scheunentor ging auf.

Ein Bauer kam zuerst herein, mit aller Vorsicht, dann ein ernster Mann, wie ein Städter gekleidet, und endlich eine dicke Dame.

«Sie lebt!»

Selbdritt schnellten sie vor, um die Kleine zu fassen. Sie wollte wieder etwas sagen, aber sie konnte nur hüsteln und zeigte auf den schmerzenden Hals. Man deckte sie mit einem Schal zu, und ein Gendarm wühlte im Heu, aufgebracht, weil er nichts finden konnte.

«Er wird fort sein …», meinte die Dame, die Vorsteherin des Instituts Benjamenta.

Doch oh! (Sie hoben den Kopf.) Da oben sahen sie etwas.

«Er hat sich erhängt!»

An einem Dachbalken baumelte ein Bündel aus schwarzweißen Fellen, und, wie in sich hineingestülpt, hing die rote Maske umgekehrt da. Das war das Sterben der Maske. Aber der Bauer schrie: «Himmeldonnerwetter!» und zog ein Deckenende zu sich. «Heraus mit dir!», befahl er.

Und der Mann stand im Heu auf, mit einer rosigen Schnauze wie eine Ratte. Das kleine Mädchen konnte den Anblick des Gesichts nicht wieder ertragen und warf sich an den Schoß der Vorsteherin, die ebenfalls vor Schreck erstarrt war.

«Ein Maultier hat ihm den Huf ins Gesicht geschlagen, vor drei Jahren», sagte der ernste Herr. «Man musste ihm das Auge nehmen.»

Der Mann starrte blöde auf die Leute, nur sein Oberkörper ragte aus dem Heu.

«Die trinken alle zuviel hier!», sagte die Vorsteherin kalt.

«Bringen Sie sie mir zur Untersuchung …», flüsterte der Doktor.

Und zur Kleinen gewandt: «Hat er dir weh gemacht? Was hat er dir getan?»

«Nichts», sagte das kleine Mädchen.

Draußen leuchtete das Land nicht mehr wie am Abend zuvor. Eine Schicht Neuschnee, in der Nacht gefallen, bedeckte nun alles, und auf dem fahlen Weiß waren die Häuser an den Hängen dunkle Sterne.

Verpasste Liebe

Die Nacht kommt für die Frau, die nun alt ist. Und krank. Drei Tage heftiges Fieber, doch jetzt beginnt sie sich besser zu fühlen. Sie hat Durst. All die Tränklein, Tunken und Brühen, der Kräutertee und das warme Zitronenwasser ekeln sie an, sie möchte etwas Frisches, Prickelndes trinken. Nicht kalte Milch wie der gedankenlose Priester Lukas. (Er war in der Sommerhitze auf eine Alp gestiegen und schwitzend in eine Sennhütte eingetreten, hatte sich mit seinen fetten Lippen an die weiße Mondscheibe im Melkeimer herangemacht, und da war ihm vor Kälte das Blut gestockt.)

Nein, sie denkt an eisig schäumendes Wasser, das schwarz von den Felsen fällt; sie denkt auch an Champagner. Nicht dass sie einen Hang zum Trinken hätte, gewiss nicht. Meist hat sie am liebsten pasteurisierte Milch, und zum Dessert bekommt sie nie genug Fruchtjoghurt, mit Heidelbeeren oder Himbeeren.

In ihrer Vorstellung – und welch eine Vorstellungskraft hat sie! – badet sie in Seen und schäumenden Quellen, erlabt sie sich am Sturzbach, trinkt sie aus Champagnerkelchen mit durchsichtigen Flügelchen, die einen Reigen tanzen in der jungfräulichen Luft des Schlossparks von Lindenhof, den sie – ach, du armer König Ludwig II. von Bayern! – vergangenen Sommer besucht hat. Und mehr noch: Sie sieht, wie sich über ihr im Dunkel des Zimmers zwölf, ja fünfzig Champagnerflaschen neigen und sie mit Schaum bespritzen. Sie öffnet den Mund, sie trinkt. Ihre Lippen, gesäumt von abgestorbener Haut, beleben sich neu wie Wasserpflanzen, die am Vertrocknen waren. Und der Champagner rinnt ihr über Wangen und Kinn, in die Kehle, die Ohren, die Nase, spritzt auf die Augenlider, über den ganzen fiebrigen Leib. Die Temperatur ist zwar schon gesunken. Am Nachmittag noch 39 Grad, dann fiel sie auf 38,6. Und morgen werde ich keine mehr haben. Doch was für ein Durst! Ich muss warten bis morgen, um etwas Kaltes zu trinken. Lindenblütentee? Wenn ich nur schon daran denke, packt mich ein Brechreiz. Zum Glück habe ich einige Blutorangen. – Ich nehme mir eine, reiße die Schale ab, schlage die Zähne hinein wie ein Vampir – und tausend rote Spritzer versprühen in meinem Gaumen. Welche Wonne … Doch die Orangen reizen die Zunge, geben den Geschmacksnerven Lust auf andere Dinge. Und die ungezügelte Völlerei beginnt von neuem. Riesenflaschen bersten, beugen sich über mich; ich plansche im sprühenden Bogen, in dem das Nass wirbelnd herabstürzt. Der Schaum prickelt in der Nase, beduselt mein Hirn. Zu meiner Rechten sehe ich auf einem Servierwagen ein gläsernes Brünnchen im maurischen Stil des Schachenschlosses, mit einem goldenen Hahn. Ich brauche nur den Hahn zu drehen – ein langes, geschmeidiges Röhrchen führt vom Brunnenbecken zum Bett –, und schon kann ich trinken. Doch mehr noch als diese Einrichtung entzücken mich die spritzenden Sturzbäche aus schillernden Hälsen dunkler Flaschen, wenn die Korken knallen wie Pistolenschüsse, die unerschöpflich strömenden, stetigen Fluten, die mich übersprudeln, und auch die ungestümen, bitterkühlen Wasser der Wildbäche in den Bergen.

Das sah und dachte die wackere, etwas frömmelnde Frau, die alt geworden war, die im Leben nur einen einzigen Geliebten gehabt hatte und kein Kind. Aber der Liebhaber war ein hartherziger Mann, er hatte ihr die Liebe so grässlich in Erinnerung gelassen, dass sie nicht noch einmal anfangen wollte. Lange hatte sie die Männer gefürchtet, und plötzlich, eines Tages im Oktober, hatte sie gemerkt, dass sie ihr nicht mehr nachschauten. Darob war sie traurig geworden, doch auch ein wenig erleichtert. Jetzt sagte sie sich: Mein Herz war gemacht für die Liebe, und mein frisches Blut wollte sich erhitzen vor Lust, und gewiss war auf der Welt ein Mann für mich bestimmt. Doch warum habe ich ihn nicht getroffen? Warum habe ich im Leben die Liebe verpasst?

Ihre Neffen hatte sie gern gehabt. Sie sind jetzt alle verheiratet und kommen manchmal mit ihren Kindern, für die sie nicht viel übrig hat. Ihr gefällt die sanfte Ruhe und Wärme ihrer sechs Katzen: drei weiße Perser mit blauen Augen, drei schwarze Perser mit roten Augen. Sie sind so wunderschön, dass manche Leute nur ihretwegen auf Besuch kommen. Heute Nacht schlafen sie wie immer auf der Samtdecke ihr zu beiden Seiten. Der zweifache Damm der schnurrenden Pelztierchen hilft ihr beim Einschlafen, wie jenes Plätschern, das sie immer hört, seit sie schwerhörig wird. Es rauscht der Fluss, es rauscht das Blut, es rauscht die Zeit.

Ihr Bett steht in einer veilchenfarbenen Nische mit Goldstreifen, ein Empirebett, fast ebenso breit wie lang, das heißt: kurz, aber sie ist kleingewachsen und schläft darin gewöhnlich ausgezeichnet. Sie lächelt beim Gedanken an jenen Zeitungsartikel, in dem sie gelesen hat, dass in Amerika Spezialkissen gegen Schlaflosigkeit hergestellt würden, die das

Schnurren der Katzen trefflich nachahmten. Besser richtige Katzen, denkt sie.

In Fräulein Elviras Zimmer sind die Wasserfälle und die Scharen von Champagnerflaschen verschwunden, nun bietet sich ein völlig neues Bild.

Sie sieht in ein Haus mit bleichblauem Getäfer, mit einem Heizkörper, mit Bänken rund um einen langen Tisch, die Fenster von Raureif verschleiert. Hier wohnt eine Familie mit neun Kindern, Mädchen und Knaben. Der Älteste ist achtzehn, die Jüngste zweijährig. Den Schulpflichtigen spritzt man jeden Morgen Schwefelpulver in den Hals. Was macht der Vater? Er ist nie zu Hause. Ist er Holzfäller? Briefträger? Die Kinder sehen weder bäurisch noch städtisch aus, auch nicht wie Arbeiterkinder. Sie gehören einem außerzeitlichen Stand an. Aber eine Mutter ist da, die sie hütet, ihnen bei den Aufgaben hilft und den Haushalt besorgt. Es herrscht eine friedliche Stimmung, und die Bilder folgen sich regelmäßig wie im Film.

Jetzt sieht Elvira sich selbst im Alter von vier Jahren. Hübsch ist sie, mit aschblonden Locken und graugrünen Augen (ganz wie auf ihrem Foto), schon schlankgewachsen und zweifellos intelligent. Sie sieht auch jenen Menschen, den sie hätte lieben können. Er ist zwölf und gehört zur Familie. (Doch hat er überhaupt existiert?) Er ist begabt und noch ein Kind. Wie kam es, dass sie ihn traf und neben ihm lebte? Elvira ist mitten in den Kreis der Kinder gefallen wie ein Stein vom Himmel. Mit einem Hauch Selbstgefälligkeit fühlt sie sich *anders*. Aber sie nistet sich ein. Am einzigen Ort auf der Welt, an dem sie frei atmen kann. Dazu musste sie ihre eigentliche Familie verdrängen, Vater, Mutter, Brüder, Schwestern.

Ja, sie hat es getan. Weggewischt! Von einem Stern ist sie heruntergefallen in dieses himmelblaue Zimmer, weil *er* da ist. Wer ist er? Mitten im Lärm der Spiele und Stimmen bleibt er allein und will es bleiben. Er liest.

Aber er ließ es gewähren, dass sie sich nahe zu ihm setzte und den Kopf an seine Schulter lehnte. Die Mutter hat gesagt: «Ein kleines Waisenkind, das man uns anvertraut, seid nett zu ihm.»

«Gewiss», haben die älteren Schwestern gesagt, die sich schon als Beschützerinnen fühlen.

Er hat nichts geantwortet, hat nicht vom Buch aufgeschaut, aber er hat seinen Arm um Elvira gelegt. Er hat Besitz von ihr genommen. Sie hat sich an ihn gekuschelt, hat ihren Kopf unter seine Achseln gelegt. Er hat eine raue Wollweste. Er lernt, er ist der beste in seiner Klasse.

Nach einer Weile – aber die Zeit ist aufgehoben – hat er sie angeschaut. Er hat bräunliche Augen, so hell, dass sie bei Tage fast gelb scheinen. Sie hat gesagt: «Du bist mein kleiner Papa.»

«Ich bin dein kleiner Papa.»

Sie hat nicht ins Bett gehen wollen, ohne dass er zu ihr kam. Mit ihm zusammen hat sie Satz für Satz das Nachtgebet aufgesagt.

Jetzt hat er neben Elviras Bett eine Kiste hingestellt, die als Tisch dient, und beim Arbeiten spürt er ihren Atem. Er ist listig. Eines Abends hat er sie auf den Mund geküsst. Die Mutter hat in ihrem Gang durch das Zimmer innegehalten und den Jungen mit geröteten Augen gemustert: «Aha …»

«Schon recht, ich habe verstanden», hat der Junge unwirsch gesagt. Er hat sein Buch genommen, aber die Hand nicht gelöst, die Elviras Hand hielt. Mit ihr ist er immer glücklich, und sie ist immer glücklich mit ihm. Da gab es die Spaziergänge im Wald. Ein großer Tannenwald in einem Land, wo es immer schneit. Die Büschel der Tannennadeln halten den Schnee. Es schneit immer. Es hat keine Sonne, die Sonne scheint nie. Die verschlungenen Äste biegen sich auseinander. Elvira (vierjährig) sieht ein bleiches Gesicht mit gelben Augen. Dann wirft sie sich ihm ungestüm entgegen zu einem neuen Kuss, doch unwillkürlich weicht sie zurück, und alles entschwindet. In den Tannen sieht sie nur noch den grauenhaften grauen Morgenrock mit der Kapuze, der sich langsam schließt, tot.

Vergessen wir nicht, Fräulein Elvira (siebenundsechzig) liegt immer noch in ihrem Schlafzimmer, mit ihrem Durst und ihrem Alter und einsam, obwohl, worauf sie gar nicht achtet, die Katzen schnurren. Sie hört nur das Lärmen des Flusses, der durch ihr Inneres strömt, gnadenlos.

Zugegeben: zwischen dem in allen Einzelheiten erzählten Film, der klar und deutlich ist, und dem folgenden liegt eine Pause, und im Finstern huschen andere Bilder vorbei, verschwommen, flüchtig, ständig bewegt; Gesichter und Leiber ertrinken in Nebelschwaden; Eulenfratzen und Masken flimmern im Moderdunst. Doch jetzt beginnt ein netter kleiner Film, der nicht mehr an den Augenblick erinnert, in dem sich, ach, der Morgenrock schloss, in sich zusammenfiel, plötzlich entledigt des unsichtbaren Körpers.

Auf der Leinwand: wieder der Wald, in dem immer noch Schnee fällt, und ein ungeheurer Tannenbaum, an dem jeder neue Astspross so etwas wie ein Stockwerk bildet, mit Türen,

Fenstern, moosigen Balkonen in dunklem Grün, auf die es schneit und schneit.

«Aber das ist ja ein Haus!», ruft das kleine Mädchen.

«Ja, ein Haus ...», antwortet der Junge, «hier ist der Eingang.»

Unten am Stamm ist die Haustür, er stößt sie ein wenig auf, und Elvira sieht in getäferte Zimmer mit harzfarbenen Parkettböden.

«Darf man eintreten?», fragt sie.

«Aber ja, komm nur.»

Im selben Augenblick verschwindet alles: der Junge, das kleine Mädchen, der Baum. Nur der Wald ist noch da, und es schneit und schneit. Im Vordergrund, mächtig groß wie Kleider von Riesen, die Fräulein Elvira mit Abscheu betrachtet, liegen zwei Anzüge ausgestreckt am Boden, der eine auf dem andern, scheußlich zugeschnitten aus einem Plastiktuch in Militärfarbe. Und die Kleider leben, sie umschlingen sich und sterben, langsam in sich zusammensackend.

«Was soll das bedeuten?», flüstert sie, nunmehr wach geworden.

Der Film geht weiter. Er wirkt nun beruhigend. Es ist Sonntag, der kleine Junge trägt einen dunklen Mantel, mit schwarzem Samt verbrämt, und er legt sich auf einen Steintisch in einem luftigen Raum, einer Art Waschküche. Er sagt: «Ich bin krank, du bist der Doktor. Du musst mich gesund machen.»

«Wie soll ich dich gesund machen?», fragt das kleine Mädchen.

«Du klopfst mit deinen Händen sanft meinen Leib ab, vom Kinn bis zu den Füßen.»

Sie hebt die Arme, lässt sie wieder sinken, sie klöpfelt; sie folgt der schwarzen Samtborte wie einem geraden Weg. Brust, Herz, Magen, Bauch.

«Recht so?»

Er lächelt, scheint zufrieden. «Ja, ja.»

Sie tastet sich weiter und pocht immerzu. Der Junge stößt einen leisen Schrei aus.

«Tut es dir weh?»

Doch er hat sich aufgerichtet und ist vom Tisch gesprungen wie ein Zicklein. Er fasst sie unter den Achseln, hebt sie in die Luft und wirbelt mit ihr herum. Ihre Füße berühren den Boden nicht mehr, sie lacht, sie kann fast nicht mehr atmen.

Fräulein Elvira sinnt: Merkwürdige Spiele haben sie, die Knaben. Sie weiß noch nicht, dass sie ihn nie wiedersehen wird. Der Film mit dem Spiel des Knaben ist fast zu Ende. Noch eine letzte Sequenz. Die Leinwand schimmert nicht mehr im grauen, sonnenlosen Licht wie bisher.

Im Film ist Nacht. Elvira (vierjährig) geht über die Leinwand, und der Schnee fällt und fällt. Nicht mehr im Tannenwald, sondern in einem Irrgarten aus hohen, finsteren Mauern. Sie hebt den Kopf. Der Himmel ist schwarz. (Fräulein Elvira hatte in der Schule ein Weihnachtsgedicht gelernt, das so begann: *Schwarz ist der Himmel, die Erde ist weiß* …) Gewiss, der Himmel ist schwarz, doch die Erde nicht weiß. Ihr Weg führt ins Dunkle. Noch einmal hebt sie den Kopf, dort oben muss der Himmel sein, die Flocken fallen noch immer, leicht, luftig, wie Blütenblätter der Margeriten. Sie öffnet den dürstenden Mund, und auf ihre Zunge legen sich weder Blütenblätter noch Schneeflöcklein, sondern frische, lebendige Zünglein, kindliche Küsse.

Vielleicht ist sie schließlich eingeschlafen ... Denn plötzlich hat sie die Augen geöffnet. Im Zimmer dämmert der Morgen, und die Putzfrau dreht den Schlüssel im Türschloss.

«Der Morgen des schönsten Tages im Jahr, der Tag aller Tage für die Welt!», ruft Klara.

Sie hat antworten wollen, schlagfertig und fromm zugleich (es ist der 24. Dezember), aber ihr fällt nichts ein.

«Geht es Fräulein Elvira besser?»

«Ja, das Fieber ist weg. Hol schnell im Laden zwei Flaschen Champagne des Aigles und schaff mir die Katzen hinaus. Heute trinke ich Champagner, ha ha!»

Anmerkung zu
Corinna Billes Jugend

Stéphanie «Corinna» Bille (1912–1979) erlebte nach eigener
Aussage «eine märchenhaft schöne Kindheit»: «Eine Bezau-
berung folgte der andern. Wir wohnten in wundervollen
Häusern, reisten viel. Und tatsächlich lebten meine Brüder,
meine Schwester und ich wie Königskinder ...»

Ihr Vater, der Maler Edmond Bille, stammte aus einer protestantischen Neuenburger Familie mit skandinavischen Vor-
fahren und war mit einer Nestlé-Erbin verheiratet gewesen.
Nach dem Tod seiner ersten Frau heiratete er ihr Kindermäd-
chen Cathérine Tapparel, eine Bauerntochter aus dem Weiler
Corin bei Montana. «Es war eine Liebesgeschichte wie zwischen dem Märchenprinzen und der Schäferin», sagte die
Dichterin später. Nach der Heimat der Mutter nannte sie sich
Corinna. Den Geschwistern aus erster Ehe – Jean, Anne-Ma-
rie und Jacques – folgten die jüngeren Brüder René-Pierre,
künftiger Kenner der Fauna, Schriftsteller und Cineast, und
André, der Ingenieur.

Erste Erinnerung an die Kindheit war für die Dichterin
eine Fahrt ins Val d'Anniviers: «Kaum drei Jahre alt bin ich, in
der Kutsche. Ich öffne die Augen und sehe einen Menschen,
der für mich wie ein Gott ist, ja, etwas wie ein außerordent-
lich gütiger Gott, der mir die Milchflasche reicht. Mein Vater.
Die Mutter musste damals in der Klinik in Lausanne sein, wo
sie von meinem jüngeren Bruder entbunden wurde.»

Im Winter ließ Edmond Bille den Schlitten anspannen und fuhr unter munterem Schellengeklingel mit seinen jüngeren Kindern – die älteren waren in einem Internat – über verschneite Felder und durch den Pfynwald (der den Hintergrund mancher Erzählung bilden wird). Im Heimkino zeigte er den Kindern schon Anfang der zwanziger Jahre Filme, abends las die Mutter Geschichten vor.

Edmond Bille führte im Wallis das Leben eines Landedelmannes: er erbaute das Phantasieschloß Le Paradou bei Siders (Sierre), besaß die ersten Autos im Wallis, Pferde und Kutschen, veranstaltete Empfänge und Maskenbälle. Bedeutende Künstler und Schriftsteller verkehrten im Paradou: der pazifistische Dichter Jean Jouve, Ramuz oder Romain Rolland, der nach dem ersten Besuch notierte: «Ich habe den stattlichsten Mann der Schweiz gesehen.» Rainer Maria Rilke, damals ein Nachbar, war dabei, als das Mädchen 1923 an einem Klaviervortrag für junge Künstler mitmachte. An Weihnachten sagten die Kinder vor Romain Rolland ihre Verslein auf. Die großen Männer sprachen über ihre Buchprojekte. Stéphanie, von ihren Geschwistern Fifon oder Fifonnette gerufen, «sog mit der Muttermilch, die gut ländlich war, die halbausgereiften Dramen der Romanschriftsteller ein».

Edmond Billes Herz schlug für die Armen; im erzkonservativen Walliser Flecken Siders galt er bald als Revolutionär. 1929 bis 1932 war er freisinniger Gemeinderat, später wurde er erst recht zum Bürgerschreck, als er (zwar ohne Erfolg) auf der sozialdemokratischen Liste für den Nationalrat kandidierte.

Bille wohnte mit seiner Familie oft in einem herrschaftlichen Haus in Chandolin oder in seinem Neuenburger Landsitz Bel-Air; Corinna wuchs in siebzehn verschiedenen Häusern auf. Die Sommerferien verbrachte sie gerne in einem schindelgedeckten Ferienhaus auf dem Rotzberg bei Stans, dem «Haus mit dem Schuppendach». In Siders besuchte sie Primar- und Sekundarschule bei frommen Schwestern, die sich über den protestantischen Vater oft entsetzten. 1930/31 besuchte sie einen Deutschkurs an der Höheren Töchterschule Zürich – mit mäßigem Erfolg, wie sie später sagte. Früh begann sie zu schreiben. Ihr erster (nicht veröffentlichter) Roman entstand 1932 unter dem Pseudonym Stéphane Corin.

Marcel Schwander

Amor, du hast keine Wirklichkeit
von Monique Schwitter

Wenn ich dem Leser, der Leserin, einen Rat geben könnte, lautete er: Steigen Sie in dieses Buch nicht mit der ersten Geschichte ein, sondern mit der dritten, die den Titel *Das ganze Leben vor mir* trägt. Warum? Weil diese kurze, formal kühne, atemberaubend dichte und vielschichtige Erzählung bestens als Sprungbrett in den Kosmos der Corinna Bille geeignet ist. Von hier geht es kopfüber hinein in die Walliser Berg-, Tal- und Waldwelt, mitten hinein in einen Sommermorgen am 60. Tag nach Ostern, an Fronleichnam. Ich habe nachgesehen: Das Wort Fronleichnam leitet sich vom mittelhochdeutschen *vrône lîcham* «des Herren Leib» ab (und nicht etwa vom *frohen Leichnam*, wie ich als katholisches Kind einst dachte). Gefeiert wird die fleischliche, lebendige Gegenwart Jesu Christi mitten unter den Menschen.

Es ist eine Erzählung über das Fremde, sie beginnt und endet mit dem Wort «étrange». Zwischen dem Befremden einer jungen Frau von siebzehn Jahren, die eines Morgens ihren neuen, geschlechtsreifen Körper entdeckt («*étrange* et merveilleusement terrible», «*eigenartig* und auf wundersame Weise schrecklich»), und der Begegnung mit dem Fremden, dem Saisonnier aus dem Süden, der ihr nachstellt und dem sie am Ende der Geschichte ein «*seltsames* Lächeln» schenkt («un *étrange* sourir»), spielt sich alles ab. Über die junge Frau erfahren wir: «Der Weg, den sie geht, wird bald enden: Er führt an den Abgrund.» Der zweiundzwanzigjährige Fremde hingegen «weiß, dass er Zeit hat. Ich habe das ganze Leben vor mir, flüstert er.» Der Titel der Geschichte bezieht sich nämlich, wie sich erst am Ende zeigt, nicht etwa auf die junge Frau, sondern auf ihn, den Südländer, dessen Blick sie «wie ein Pfeil getroffen» hat. Ist er der heimliche Erzähler dieser Geschichte? Ist er der Regisseur im Hintergrund? Der Gedanke ist faszinierend angesichts eines Spektakels, bei dem unser Fremder, wie alle ausländischen Arbeiter, nur zuschauen darf. Mehr als seine Augen aber braucht er auch gar nicht, um seine Macht spielen zu lassen; am Rande stehend wirft er seine Blicke und dirigiert das Geschehen. Als «Affentheater» bezeichnet er die Prozession «aus Leuten, die heute sie selber und *andere* zugleich sind». Für diese Einheimischen, die, ohne es zu ahnen, etwas Fremdes in sich tragen, hat er nur Spott übrig. Wie so oft bei Corinna Bille ist es das Fremde im Eigenen, das die Menschen am meisten erschreckt. Die gewaltige Irritation, die über die junge Frau hereinbricht, rührt daher, dass dieser soeben erwachte, drängende, noch fremde Geschlechtstrieb aus ihr selbst kommt.

Das ganze Leben vor mir ist in der dritten Person geschrieben, aber immer wieder rutscht interessanterweise ein «Ich» dazwischen. Das der jungen Frau. In der Erzählperspektive spiegelt sich somit ein inhaltlicher Vorgang: Es schiebt sich etwas ins Gesichtsfeld, dieses Etwas irritiert und ist zutiefst subjektiv. Ähnliches geschieht in der Zeitform: Das Präsens drängt herein in die Erzählung, die ganz klassisch im Präteritum begann. Mit dem Erwachen der körperlichen Triebe wechselt die Erzählstruktur. Sinnigerweise geschieht dies an jenem Tag des Jahres, an dem die Gegenwart des Leibes Christi gefeiert wird. Das Jetzt hält rücksichtslos Einzug, die Verstrickung beginnt.

Ich wende mich nun, trotz einiger Vorbehalte, der Person Corinna Bille zu. Eigentlich sollten einzig Texte, nicht die Autoren und ihre Biographien Gegenstand von Untersuchungen und Interpretationen sein. In der Lebensgeschichte den Schlüssel zu einem Werk zu suchen, ist nicht ungefährlich, da es unweigerlich zu Verkürzungen, Trugschlüssen und Vereinfachungen kommt. Die Haltung: *Ich suche in der Biographie nach dem, was die Autorin uns vorenthält, und komme ihr dadurch auf die Schliche* geht von der (jedenfalls für eine Schriftstellerin wie Corinna Bille, die unter Einsatz ihres ganzen Wesens geschrieben und geschaffen hat) falschen Annahme aus, die Autorin spiele mit dem Leser Verstecken, wolle sich nicht zu erkennen geben, verheimliche das Wesentliche. Das Gegenteil ist wahr. Das Werk einer Autorin wie Bille ist aussagekräftiger, als es eine Biographie, die sich an Geburts-, Publikations- und Todesdaten, an Hochzeiten, Scheidungen und Reisen entlanghangelt, je sein kann. Denn das Dazwischen, der wirkliche Lebensstoff, lässt sich nur in der Fiktion greifen. «Nichts bringt unsere Sehnsucht oder unsere Angst untrüglicher zum Ausdruck als unsere Fiktionen», schreibt Max Frisch in seiner Poetikvorlesung *Schwarzes Quadrat*, und dieser Satz könnte auch von Corinna Bille stammen, vielleicht nicht wörtlich, aber inhaltlich. Wenige suchen ihren Ausdruck so leidenschaftlich und konsequent in ihrem frei erfundenen Umfeld, in ihrer gestalteten Wirklichkeit, in ihrer eigenen Traumerinnerung wie Corinna Bille. Bezeichnenderweise nennt sie eine Sammlung von biographischen Texten *Le vrai conte de ma vie* (*Das wahre Märchen meines Lebens*). Bei der Frage, wo diese Frau steht, als sie ihren relativ späten Durchbruch erlebt, orientiere ich mich weitgehend an ihren eigenen Texten.

Als *La fraise noire* 1968 erscheint, ist S. Corinna Bille sechsundfünfzig Jahre alt. Sie hat, nach ihrem zweiten Roman *Le Sabot de Vénus* (1952) und den beiden Erzählungsbänden *Douleurs Paysannes* (1953) und *L'enfant aveugle* (1955), seit dreizehn Jahren kein Buch mehr veröffentlicht, sieht man von der selbstfinanzierten Gedichtsammlung *Le pays secret (1961)*, von den unaufgeführten Theaterstücken *L'inconnue du Haut-Rhône* (1963) und der gerade mal sechzig Seiten starken Erzählungssammlung *Entre hiver et printemps* im Vorjahr der *fraise noire* ab. An welchem Punkt steht Corinna Bille 1968? Sie ist kein vielversprechendes Jungtalent mehr, aber auch noch keine literarische Grande Dame. Was dann? Eine in die Jahre gekommene erfolglose Dichterin? Oder eine, die seit langem kaum etwas geschrieben hat? Das ist beides falsch. Vier Romane hat sie bereits abgeschlossen, von denen aber nur zwei veröffentlicht sind, *Théoda* (1944) und, wie bereits erwähnt, *Le Sabot de Vénus* (1952). Die beiden anderen werden erst posthum erscheinen, der 1932 unter dem männlichen Pseudonym Stéphane Corin fertiggestellte *Et puis s'en vont* 1981, knapp fünfzig Jahre nach seinem Entstehen, unter dem Titel *Le pantin noir*; der andere, *Oeil-de-mer* aus den frühen Fünfzigerjahren, 1989, zehn Jahre nach dem Tod der Autorin.

Dennoch, mit ihren beiden ersten Veröffentlichungen hat sie einigen Erfolg gehabt, mehrere Auszeichnungen erhalten und große Beachtung von Seiten der Kritik erfahren. Dann ist es jedoch zusehends still um sie geworden, obwohl sie unermüdlich weitergeschrieben hat. Bille habe, schreibt Gilberte Favre in ihrer Biographie *Le vrai conte de sa vie*, immer gleichzeitig an verschiedenen Texten gearbeitet. Das klingt angesichts der «Zettelwirtschaft», von der ihr Mann, der Schriftsteller Maurice Chappaz, berichtet, plausibel. Immer habe sie geschrieben, meist auf irgendwelche Papierfetzen, selbst im Bett habe sie Papier und Stift dabei gehabt, «und wenn der Bleistift herunterfiel, wusste ich, dass sie eingeschlafen war». (Zitiert bei Linsmayer, siehe Anhang)

Schon vor ihrer Ehe mit Chappaz (die sie relativ spät, bereits in ihren Dreißigern einging) war Corinna Bille nicht der Typ Schriftstellerin, der möglichst zügig fertigstellt und auf Veröffentlichung hinarbeitet. Obwohl sie sehr jung, mit sechzehn Jahren, beschließt, Schriftstellerin zu werden, und praktisch von Stund an schreibt, ist sie bereits siebenundzwanzig, als ihr erstes Buch, *Théoda*, erscheint. Auch an ihrem zweiten Roman *Le Sabot de Vénus* arbeitet sie gut zehn Jahre, zugleich entstehen in diesem Zeitraum aber auch eine Fülle von Erzählungen, Aufzeichnungen und Gedichten. Ein weiterer Grund für ihr relativ langsames Schreiben ist aber doch auch in ihrem Familienleben an der Seite von Maurice Chappaz zu finden. Corinna Bille bringt zwischen ihrem 32. und 38. Geburtstag drei Kinder zur Welt. «Ich hatte oft zu wenig Zeit zum Schreiben, sicher, und das ließ mich oft verzweifeln. Aber ich habe immer geschrieben – auch nachts – oft litt meine Gesundheit oder mein Alltag darunter. … Dieses Leben war reinste Akrobatik, und gefährlich dazu: Ein Hochseilakt, Taschenspielerei, Jonglage. Und die Müdigkeit! Aber ich habe den deutlichen Eindruck, dass all diese Schwierigkeiten mein Talent bestärkt haben. Wenn ich über mehr freie Zeit verfügt hätte, wäre die Notwendigkeit nicht so tief gewesen, glaube ich. Dieser ‹Mangel› hat also mein Mitteilungsbedürfnis verstärkt. Er hat meinem Schreiben Hartnäckigkeit und Ansporn gegeben.»

Das Walliser Schriftsteller-Ehepaar Chappaz-Bille lebt in wechselnden Häusern und an wechselnden Orten im Heimatkanton, zur Zeit des Erscheinens der *Fraise noire* in einem kleinen Haus mitten in den Weinbergen von Veyras bei Siders. Für Corinna ist es die zweite Ehe, nach der sehr jung eingegangenen Verbindung mit einem Filmschauspieler, einer *mariage blanc* (einer Ehe, die zu Corinnas Unglück sexuell nicht vollzogen wurde). Als sie einige Jahre und zwei Liebschaften später Maurice Chappaz kennenlernt, erkennt sie in ihm auf den ersten Blick die große Liebe, die er lebenslänglich für sie bleibt. Die finanzielle Situation der Familie ist prekär. Nach dem Tod ihres Vaters 1959 gerät Bille in eine religiöse Krise. «Ich habe nie glauben können, dass man mich liebe. Wie soll ich glauben, dass ich von Gott geliebt werde? ICH LIEBE DIE MENSCHEN ODER DIE DINGE, WIE MAN GOTT LIEBEN MÜSSTE», schreibt sie im *Wahren Märchen meines Lebens*.

In den folgenden Jahren wird sie, trotz zweimaliger Operation, zunehmend schwerhörig. 1964, nach zweiundzwanzig Jahren, ihr jüngstes Kind ist gerade vierzehn und mitten in der Pubertät, gerät die Beziehung zwischen Bille und Chappaz vorübergehend in eine ernsthafte Schieflage. Ihre berufliche Situation ist aussichtslos, es findet sich seit Jahren kein Verlag mehr, der ihre Bücher drucken möchte. Wann genau die neun Erzählungen des vorliegenden Bandes entstanden sind, ist daher schwer zu sagen. Das fertige Typoskript lag lange Zeit praktisch unbeachtet bei der Guilde du livre in Lausanne herum. Erst durch das Engagement der renommierten Literaturkritikerin und Lektorin Dominique Aury, die sich bereit erklärt, ein Vorwort zu schreiben, lässt die Guilde du livre sich schließlich darauf ein, *La fraise noire* 1968 ins Programm zu nehmen. Das Buch wird ein großer Erfolg, auch über die Landesgrenze hinaus. Endlich erfährt Bille auch in Frankreich Wertschätzung, endlich ist sie der Walliser «Regionalliga», in der sie sich schon verkümmern sah, entkommen. «Für mich war das ein Wendepunkt. Ich verstand, dass meine Erzählungen ernst genommen wurden. Es gab Zeiten, in denen ich es sehr gut verstanden hatte, dass die Verleger nicht mehr an mich glaubten.»

Zwei Dinge fallen an diesem Erzählungsband sofort auf. Zum einen ist es der ausgeprägte Gestaltungswille. Die Autorin führt uns in ihre Walliser Welten, aber sie geht dabei weit über das Beschreiben ihrer Umgebung hinaus. Sie klopft die landschaftlichen, meteorologischen und soziokulturellen Gegebenheiten und Phänomene ihrer Heimat auf ihre literarische Eignung, ihre Bedeutung und ihren Symbolgehalt ab, und sie hat einen untrüglichen Instinkt für starke Situationen und reizvolle Kulissen. Religiöse Traditionen und volkstümliches Brauchtum, sei es in Form von kirchlichen Prozessionen oder Fasnachtsmaskeraden, benutzt sie dabei genauso, wie ihr auch die klimatische Trockenheit des Wallis, dieser chronische «Durst» der ganzen Region bei gleichzeitig häufigem, dichtem Nebel, zupass kommt. Sie bedient sich der Jahreszeiten ebenso wie der Feiertage, von Weihnachten über Maria Lichtmess und Ostern bis Allerseelen. Bille greift sich Versatzstücke und baut daraus einen eigenen, starken, unbekannten und zum Teil verwirrenden, vielgesichtigen Kosmos. In einem Gedicht, enthalten in *Le vrai conte de ma vie,* hat sie diesen Gestaltungswillen, der sich im Übrigen nicht nur in *La fraise noire,* sondern in ihrem ganzen Werk findet, zum Ausdruck gebracht. Sie formuliert darin den Wunsch, die geliebte Welt umzugestalten, sie «neu zu machen» und mit selbsterschaffenen Männern und Frauen zu bevölkern. Welches Vergnügen wäre das, schreibt sie, diese eigene Welt in Händen zu halten!

Das Zweite, das bei der Lektüre des vorliegenden Buches ins Auge springt und für Billes ganzes Schreiben große Bedeutung hat, ist ihre Vorliebe für den Wald. Immer wieder tritt dieser als Schauplatz und Ort der Handlung in Erscheinung. In den drei mit Abstand längsten Geschichten des Bandes spielt er eine entscheidende Rolle. Im Wald kann sogar ein Sinnbild ihrer Arbeitsweise gesehen werden. Bille geht mit allen Ebenen ihrer Wahrnehmung um, in ihr Werk fließt sowohl Bewusstes als auch Unbewusstes, Erlebtes ebenso wie Erträumtes und Erdachtes ein.

Der Wald, den Corinna Bille von Kindheit an kennt, liebt und besingt, ist der Walliser Pfynwald, ein Föhrenwald zwischen Leuk und Siders. Diese Leidenschaft liegt in der Familie: Corinnas Bruder René-Pierre lebt immer wieder längere Zeit in diesem Pfynwald (in einer Grotte, die er für einen symbolischen Betrag von der Schweizerischen Bundesbahn SBB gemietet hat). Sein Wald-Tagebuch veröffentlicht er 1943 unter dem Titel *Journal eines Lebenskünstlers.* Er sucht etwas «Heiles» im Wald, eine Naturordnung und Unversehrtheit, einen Urzustand, ein Leben «vor der Erbsünde der Zivilisation», wie Wilfried Meichtry in seinem Buch *Hexenplatz und Mörderstein – Die Geschichten aus dem magischen Pfynwald* schreibt. Dieses Waldbild erinnert an jenes, das Shakespeare in seinem Stück *Wie es euch gefällt* entworfen hat. Dorthin würde René-Pierre Bille passen, in diesen hellen, befreiten und befreienden Wald der Aussteiger, den Märchenwald der Liebe und Gerechtigkeit, in den die Bösartigkeit der Welt nicht eindringen kann.

In krassem Gegensatz dazu steht der Wald, den Shakespeare im *Sommernachtstraum* gezeichnet hat. Er schuf mit dem «Ardennerwald» auf der einen und dem «Athener Wald» auf der anderen Seite zwei Archetypen des Waldes, gegenteilig und unvereinbar. Beide dienen sie Corinna Bille als Vorbilder, allerdings spielt dabei der mystische «Athener Wald» die deutlich größere und wichtigere Rolle. Zwar teilt Corinna in jungen Jahren, ab 1942 auch gemeinsam mit Maurice Chappaz, die lichte Ardennerwaldvorstellung ihres Bruders René-Pierre (der bezeichnenderweise später Tierfilmer und -photograf wurde, sich also dem naturgetreuen Abbilden des Waldes und seiner Bewohner widmete), bleibt aber in immer stärkerem Maße von den dunklen Kräften des Waldes angezogen. Der Pfynwald wird für sie zum «Athener Wald», in dem die Gewalt des anarchischen Eros waltet und wütet (so kann ein- und derselbe Wald zwei Menschen, noch dazu Geschwistern, etwas ganz Gegensätzliches bedeuten), in dem das Dämonische, das Unbewusste, das Triebhafte wohnt und lauert, das Mystische, die Naturkräfte. Es ist kein lichter, nein, es ist der finstere Wald, der den Intellekt, wenn nicht außer Kraft setzt, so doch narrt und herausfordert und ihm seine Grenzen und seine Widersacher in Gestalt des Sexuellen, des Kreatürlichen, des Unkontrollierbaren, des Unerklärlichen und Unfassbaren aufzeigt.

Corinnas Gestaltungswille wird zunehmend stärker, ihr ist es nicht ums Abbilden, sondern ums Erschaffen zu tun. Der Wald wird nicht mehr nur beschrieben (obwohl sie das auch in *Schwarze Erdbeeren* noch mit großer Könnerschaft tut), er wird zur Projektionsfläche, zum Setting, zum Tatort der Kollisionen von Kultur und Natur, Bewusstem und Unbewusstem, Mensch und Tier, Hell und Dunkel, Lebensgier, Erotik und Tod. «Ihr seid in fortwährendem Zustand der Lust, (…) Wälder der Schreie, Wälder der Abgründe! Ich habe die Schatten eurer Wege so sehr geliebt, eure bacchischen Gerüche so tief geatmet, eure Tränen gekostet. (…) Auf eure Rinden schrieb ich meine Gleichnisse. (…) Nie verwelkende Wälder, ihr wart mein Leben und mein Tod!», heißt es in *100 kleine Liebesgeschichten.*

In ihrem Vorwort zu *La fraise noire* schreibt Dominique Aury: «Corinna Bille schafft etwas Seltenes: Sie lässt uns mit den stummen Begleitern unseres Lebens, die wir für unbedeutend oder fremd halten, verschmelzen.» Aury lenkt damit die Aufmerksamkeit auf uns selber, gemeint sind wir Leser. Und tatsächlich betreten wir mit Corinna Bille fremden Boden, moosbedeckten, der unter unseren Schritten nachgibt. Was ist das, fragen wir uns, worauf treten wir da? Und mit jedem Schritt hinein in einen Text geraten wir nicht nur tiefer in die Geschichte und an die Figuren heran, sondern auch näher an uns selbst, es wachsen uns Ohren für das Unhörbare, das still Wirkende, leise Webende in und um uns: das Geheimnisvolle, das Zufällige, das dunkel Lockende, die Angst, das Fremde.

Corinna Bille schreibt Liebesgeschichten, und wer ihre *100 kleinen Liebesgeschichten*, diesen schmalen Band mit Liebesminiaturen, gelesen hat, weiß, wie gründlich sie sich mit dem Thema Liebe auseinandergesetzt hat, wie weit sie es fasst, wie viele Farben und Facetten es für sie hat, wie weit ihre Liebe und die Liebe bei ihr reicht, wie folgenschwer sie ist und von wie vielen Seiten sie sich ihr genähert, aus wie vielen Blickwinkeln sie sie betrachtet hat.

Die in *Schwarze Erdbeeren* versammelten Geschichten haben fast alle die leidenschaftliche Liebe zum Thema, sie erzählen von erschreckendem, schmerzhaftem, unentrinnbarem, teils tödlichem Verlangen. «Es kommt, wie es kommen muss», schreibt Bille in der Erzählung *Das ganze Leben vor mir*; unausweichlich steuern ihre Figuren auf den Abgrund zu, um im freien Fall gleichermaßen Erlösung und Auslöschung zu finden.

«Amor, du hast keine Wirklichkeit» – auffällig oft bei Bille gehen verhängnisvolle Begierde und unmögliche Liebe Hand in Hand. Jürg Altwegg schreibt, ihr Thema sei «Liebe, bizarr», und gerade die unmöglichen Lieben seien die einzigen, die sie interessierten. Sie gesteht: «Seit meiner Kindheit hat mich die Tragik des Lebens, haben mich unmögliche Lieben gefesselt.» Tatsächlich fällt auf, dass Bille in *Schwarze Erdbeeren* das ganze Spektrum unmöglicher oder nicht realisierbarer Liebe auffächert, von der verpassten Liebe über die Liebe zu einem Kind, zu einem Verstorbenen, zu einer Unerreichbaren (sei es aufgrund ihres Alters, ihrer Schönheit, ihres Standes oder Zivilstandes) bis zur Geschwisterliebe, diesem tragischen Inbegriff der unmöglichen Liebe, den sie in der Erzählung *Mein Wald, mein Strom* thematisiert (und nicht nur dort, der Inzest zwischen Geschwistern ist eines ihrer Lieblingssujets und findet sich in einer Vielzahl von Texten wieder). Einen besonderen Platz in Billes Werk nimmt auch die imaginierte Liebe ein, von der die Erzählung *Verpasste Liebe* handelt. Sie selber behauptet: «Ich wurde untreu – wenn nicht in Taten, so doch in Gedanken –, und das hörte während Jahren fast nicht auf, so zu sein. Immer wie verrückt verliebt in jemanden! (...) Welche imaginären Abenteuer!» – «In der Nacht», schreibt sie, «lausche ich hinaus, ob im Raunen des Weltalls seine Stimme zu hören ist.» Für Corinna Bille war das ständige Verliebtsein über Jahre wenn nicht Voraussetzung, so doch Motor des Schreibens. «Der Akt des Schreibens ist ein Äquivalent des Liebesaktes», erklärt sie, und «was ich nicht leben konnte, wurde zu Geschichten.»

Corinna Bille hat zweifelsohne eine große Begabung zur Liebe. Auch wenn Dominique Aury in ihrem Vorwort zu *La fraise noire* meint: «Die Gefühle sind gleichzeitig zurückhaltend und heftig», eignet Billes Sprache doch etwas Ungestümes, das ihrem Thema, der Begierde, geschuldet ist, das man aber eher von einem jungen Menschen erwarten würde als von der reifen Frau, die Bille war, als sie die vorliegenden Erzählungen schuf. Als Neunzehnjährige schrieb sie in einem Brief an ihre Eltern: «Die Jugend besitzt zwei wundervolle Instrumente: die Phantasie und den Enthusiasmus. Sie liebt die Realitäten des Lebens nicht und empfindet manchmal sogar Abscheu davor, und nicht zuletzt um ihnen zu entfliehen, fliegt sie hinauf in die Welt der Träume und schafft sich da oben ein Königreich für sich allein.» Nun, ihre Phantasie und ihren Enthusiasmus rettete Corinna Bille ganz offensichtlich ins Erwachsenendasein hinüber und verlor sie auch im Alter nicht, sie behielt die «wundervollen Instrumente» in der Hand und benutzte sie meisterhaft. Neben der Fähigkeit, ihre Phantasie für sich arbeiten zu lassen, verfügte Bille über einen unbestechlichen Blick und genaue Beobachtungsgabe. Gilberte Favre schreibt: «Corinna dringt in die Welt ein, indem sie gleichzeitig beobachtet und träumt.» Bille selber bestätigt das: «Wenn man schreibt, erfindet man das meiste. Ich habe es immer geliebt zu erfinden, aber oft wird etwas auch durch einen konkreten, heftigen Eindruck hervorgerufen, und es bricht aus dem Innern hervor, durch eine Zeitungsmeldung, ein Bild, eine alte Geschichte oder etwas, das man mir erzählt hat.» Oder durch eine Beobachtung.

Es ist verblüffend, wie tief und gleichzeitig genau Bille ihre Figuren zu erfassen scheint, innerlich wie äußerlich, angezogen vom Geheimnis ihrer Körper und Gesichter. Diese verwundbaren, zerrissenen Menschen. Im Gedicht *Pourquoi* schreibt sie: «Die Durstigen schauen mich an, als ob ich eine Quelle wäre.» Sie reicht diesen Durstigen die Hand, führt sie in eine Geschichte und lässt sie plötzlich los, um sie zu beobachten. Über die Figuren in *Schwarze Erdbeeren* sagt sie: «Diese zarten Säufer, diese alten, leicht verrückten Mädchen, diese mysteriösen Männer, bedeckt mit Ziegenfellen, umschnürt von Kuhglocken, das Gesicht hinter einer großen Holzmaske versteckt, ... die jungen Statuenträgerinnen, deren Schicksal durch einen einzigen Blick an einen Arbeiter aus dem Süden geknüpft ist, ja, sie alle sind Teil meines Personals. (...) Aber die Siebzehnjährige, die, ohne es zu wissen, ihren Bruder liebt? Jeanne, die demütig Ausschweifende, die das Leben eines ganzen Dorfes auf den Kopf stellt? Der verliebte Maskierte, der ein Mädchen entführt? Woher kommen sie? Ich habe sie erfunden. Aber sie sind meinem Unbewussten mit einer Wahrhaftigkeit entstiegen, die mich manchmal verblüfft hat.» Hier sei auf Pierre Jean Jouve verwiesen, der Corinna Billes Fähigkeit zur «wahrhaftigen Erfindung» gerühmt und damit einen wichtigen Hinweis auf ihr kreatives Vorgehen gegeben hat. Über die von ihr erfundenen Figuren sagt Bille: «Es kommt vor, dass ich die Gründe ihres Handelns erst verstehe, nachdem ich sie geschrieben habe. Es fällt mir meist sehr schwer, mich über mein Werk zu äußern.» Und an anderer Stelle ergänzt sie: «Vielleicht schreibt man, weil man sich selbst nicht wirklich kennt.»

Schreiben, um sich selbst und das eigene Fremde zu ergründen? Ja, diese Notwendigkeit ist bei Bille in jedem Satz zu spüren. «Mörder, Säufer, Brandstifter kommen in meinen Geschichten vor», schreibt sie, «sie sind Teil von mir. Nur meine Arbeit gibt mir die Ausgeglichenheit, den nötigen Zusammenhalt, den mir nichts anderes geben kann, weder Gesellschaft noch Religion, kein Abenteuer, nicht einmal meine Mutterschaft. Deshalb ist schreiben wie atmen. Man schreibt in Wahrheit, um nicht zu sterben.»

Zitierte Literatur

S. Corinna Bille: *100 kleine Liebesgeschichten*. Aus dem Französischen von Elisabeth Dütsch. Verlag Im Waldgut, Frauenfeld 1992.

– *Le vrai conte de ma vie*. Edition Empreintes, Lausanne 1992.

– Brief an die Eltern vom 28. März 1931, in: *Correspondance 1923–*

1958 avec Edmond Bille et Catherine Bille. Edition Plaisir de Lire, Cossonay 1995.

— *Das Vergnügen, eine eigene Welt in der Hand zu halten. Ein Lesebuch.* In der Übertragung von Hilde Fieguth. Zusammengestellt und mit einem biographischen Nachwort versehen von Charles Linsmayer. Verlag Huber, Frauenfeld 2008.

Jürg Altwegg: *Leben und Schreiben im Welschland. Porträts, Gespräche und Essays aus der französischen Schweiz,* Ammann Verlag, Zürich 1983.

Dominique Aury: «Préface», in: S. Corinna Bille: *La fraise noire.* La Guilde du Livre, Lausanne 1968. (Zitate übersetzt von Monique Schwitter)

Gilberte Favre: *Le vrai conte de sa vie,* Editions Z, Lausanne 1999. (Zitate übersetzt von Monique Schwitter)

Pierre Jean Jouve: «Préface», in: S. Corinna Bille: *Juliette éternelle,* La Guilde du Livre, Lausanne 1971.

Inhalt

KOLLEKTION
NAGEL & KIMCHE

Herausgegeben von
Peter von Matt

Gottfried Keller
Martin Salander
Roman. Mit einem Nachwort von Peter Bichsel.
384 Seiten, gebunden

«Dass der Salander nun wieder als Einzelausgabe erscheint, ist wunderbar.»   Andreas Bernard, *Süddeutsche Zeitung*

Adelheid Duvanel
Beim Hute meiner Mutter
Erzählungen. Mit einem Nachwort von Peter von Matt.
176 Seiten, gebunden

«Duvanel ist die Entdeckung des Jahres!»   Iris Radisch, *Die Weltwoche*

Jakob Schaffner
Johannes
Roman einer Jugend. Mit einem Nachwort von Peter Hamm.
560 Seiten, gebunden

«Ein Goldstück: *Johannes* ist da, vielleicht das schönste Buch des Jahres.»   Lars L. von der Gönna, *Westdeutsche Allgemeine Zeitung*

Arnold Kübler
Der verhinderte Schauspieler
Roman. Mit einem Nachwort von Peter von Matt.
320 Seiten, gebunden

«*Der verhinderte Schauspieler* gehört entschieden zur Kategorie ‹Die lang verhinderte Erste-Klasse-Lektüre›.»   Alexandra Kedves, *Neue Zürcher Zeitung*

Regina Ullmann
Die Landstraße
Erzählungen. Mit einem Nachwort von Peter Hamm.
184 Seiten, gebunden

«Man möchte ganze Bibliotheken hingeben für dieses kleine Wunderwerk.»   Roman Bucheli, *Neue Zürcher Zeitung*

Philippe Jaccottet (Hg.)
Die Lyrik der Romandie
Eine zweisprachige Anthologie.
Aus dem Französischen von Elisabeth Edl und Wolfgang Matz.
272 Seiten, gebunden

«Die Anthologie wird gleich mit ihrem Erscheinen zum unverzichtbaren Handbuch.»   Martin Zingg, *Neue Zürcher Zeitung*

Otto F. Walter
Herr Tourel
Roman. Mit einem Nachwort von Peter von Matt.
304 Seiten, gebunden

«Dieser Roman lebt von einer Intensität der Beschreibung und einer bezähmten Kraft der Sprache, die … bis heute keinerlei Patina angesetzt hat. Also: Ein Buch von heute, und dankenswerterweise kann man es jetzt wieder lesen.»   Jochen Schimmang, *Die Zeit*

Hermann Burger
Schilten
Schulbericht zuhanden der Inspektorenkonferenz.
Roman. Mit einem Nachwort von Thomas Strässle.
416 Seiten, gebunden

«Diese Sprache ist radikal geschieden von allen kreatürlichen Erscheinungsformen des Lebens … Ein Genie, wie es im Buche steht.»
Helmut Böttiger, *Süddeutsche Zeitung*

Charles Ferdinand Ramuz
Die große Angst in den Bergen
Roman. Aus dem Französischen von Hanno Helbling.
Mit einem Nachwort von Beatrice von Matt.
192 Seiten, gebunden

«Eine der wichtigsten Wiederentdeckungen des Jahres. Ungeheuer dicht, ungeheuer gut geschnitten wird hier erzählt.»
Elmar Krekeler, *Die Welt*

Max Frisch
Die Schwierigen oder J'adore ce qui me brûle
Roman. Mit einem Nachwort von Lukas Bärfuss.
288 Seiten, gebunden

«Der Fortgang des Geschehens ist so dramaturgisch schlicht wie gedanklich glorios … ein weitgespannter, großartiger Essay über die Vergeblichkeit.»   Fritz J. Raddatz, *Die Welt*

Blaise Cendrars
Gold
Die fabelhafte Geschichtes des Generals Johann August Suter.
Roman. Aus dem Französischen von Yvan Goll.
Mit einem Nachwort von Dieter Meier.
160 Seiten, gebunden

«Es ist höchste Zeit, dass dieser Autor, der zu den wenigen Großen der Schweiz gehört, dank der *Kollektion* endlich wieder neu entdeckt wird.»   Stefan Zweifel, *Literaturclub* Schweizer Fernsehen

Jeremias Gotthelf
Wilde, wüste Geschichten
Mit einem Nachwort von Peter von Matt.
256 Seiten, gebunden

«Jeremias Gotthelf, das weiß man nach dieser Lektüre, war ein Autor, der Abgründe genau erforschte.»   Katharina Döbler, *Deutschlandradio*